Gottes bunter Regenbogen

Anton Dinzinger
Heidi Ehlen

Gottes bunter Regenbogen

Thematische Gottesdienste im Jahreskreis
für Schule und Gemeinde

Verlag Friedrich Pustet Regensburg

Die Deutsche Bibliothek – CIP-Einheitsaufnahme

Ein Titeldatensatz für diese Publikation ist bei
Der Deutschen Bibliothek erhältlich.

ISBN 3-7917-1733-2
© 2000 by Verlag Friedrich Pustet, Regensburg
Umschlaggestaltung: Martin Veicht. form fünf, Regensburg
Gesamtherstellung: Friedrich Pustet, Regensburg
Printed in Germany 2000

Inhalt

Vorwort

Von jeher fasziniert der Regenbogen die Menschen. In vielen Farben schillernd spannt er sich zwischen Himmel und Erde. Von altersher ist er auch ein Zeichen des Bundes und der Freundschaft Gottes mit den Menschen. Auch diese Freundschaft schillert in vielen verschiedenen Farben. Etwas von dieser Vielfalt haben wir einzufangen versucht in unseren Gottesdienstmodellen. Sie begleiten durch das ganze Schuljahr bzw. Kirchenjahr und stellen die Freundschaft und Verbundenheit des Menschen mit Gott dar.

So dürfen Kinder frühzeitig erfahren, dass wichtige Ereignisse im Leben uns Christen veranlassen, gemeinsam zu beten, zu feiern und uns Gott zuzuwenden.

Jene Anlässe finden sich an den Höhepunkten des Kirchenjahres. Sie können aber auch ganz selbstverständlich aus der Lebenswelt des Kindes entstehen. Auf diese Weise werden gottesdienstliche Feiern durch Symbole, Geschichten und szenische Darstellungen zum Erlebnis, ohne dabei ihren liturgischen Charakter zu verlieren.

Die vielen neuen Einfälle und Ideen dieses Buches wollen gerade für Priester, Lehrer und andere Gemeindemitglieder eine Hilfe sein, Gottesdienste mit Kindern und für Kinder vorzubereiten. Das Wort Gottes leuchtet als frohe Botschaft in den Alltag hinein.

Hier findet man sowohl Schul- als auch Gemeindegottesdienste, die auf die bunte Lebenswelt von Schule und Familie Bezug nehmen und deshalb besonders ansprechen und zur aktiven Teilnahme einladen.

Allgemeines zu Schulgottesdiensten

Bei der Planung und Durchführung zahlreicher Gottesdienste mit Kindern im Grundschulalter haben wir wichtige Erfahrungen gemacht, die wir kurz und überschaubar in zehn Regeln fassten. Diese können für andere Planungs- und Gestaltungsteams als Anregung dienen.

10 goldene Regeln für Schulgottesdienste

1. Gottesdienst in überschaubaren Gruppen planen;
2. möglichst einfache Sprache verwenden;
3. möglichst wenige Fragen verwenden;
4. bekannte Lieder einsetzen;
5. Schüler in die Vorbereitung mit einbeziehen;
6. Schüler aktiv beteiligen;
7. Lehrer kooperativ einbinden;
8. Gottesdienstort schülergemäß gestalten;
9. Erinnerungen mitgeben;
10. Gottesdienst auf 45 Minuten begrenzen.

Im Gottesdienst kommen wir zusammen, um miteinander zu beten und zu feiern, nicht um ein neues Lernziel zu erfüllen. Da viele Kinder wenig Liturgieerfahrung haben und im Klassenverband zum Gottesdienst kommen, kann manchmal auch ein Disziplinproblem auftreten. Der Feiercharakter kann aber für alle Kinder spürbar und erfahrbar werden, wenn man bestimmte Punkte beachtet.

Im Gottesdienst können Gebet und Andacht nur ermöglicht werden, wenn die Zahl der Mitfeiernden noch eine *überschaubare Größe* hat. So kann es manchmal nötig sein, dass Schulgemeinschaften in mehrere kleinere Gruppen aufgeteilt werden, um den einzelnen noch zu erreichen. Auch im Gottesdienst kann man eine *einfache Sprache* verwenden, die alle Anwesenden verstehen und die sowohl intellektuell als auch emotional anspricht. Grundsätzlich sollte man dabei *Fragen* vermeiden. So genannte rhetorische Fragen, die im Grunde jeder beantworten kann, können durchaus die Aufmerksamkeit erhöhen.

Gerade die Auswahl und Gestaltung der *Lieder* hat einen wesentlichen

Einfluss auf die Atmosphäre und Stimmung während des Gottesdienstes. Deshalb haben bekannte Lieder eine gute Wirkung. Alle Klassen können die Lieder schon im Voraus üben; verschiedene Klassen und Gruppen bereiten bestimmt die Lieder gerne vor. Da ein Schulgottesdienst erst dann sinnvoll wird, wenn alle sich aktiv beteiligen, sollte man dafür sorgen, dass verschiedene Klassen bei der Vorbereitung zusammenhelfen: So kann vielen Schülern die Möglichkeit geboten werden, schon in die *Vorbereitung* mit einbezogen zu werden und vor allem während des Gottesdienstes aktiv beteiligt zu werden. Auch bei der Gestaltung von Spielszenen, Texten, Bildern, bei der Gestaltung des Gottesdienstraumes und vielem anderen ist es wichtig, die Schüler mit einzubeziehen. So können sie nicht zu Zuschauern und Konsumenten, sondern zu Mitfeiernden werden.

Ebenso gut lassen sich die Fähigkeiten und die Ideen der mitfeiernden *Lehrerinnen und Lehrer* einbinden.

Den *Gottesdienstort* (der auch Aula oder Turnhalle der Schule sein kann) muss man so gestalten, dass er der Würde des Gottesdienstes angemessen ist, aber ebenso Alter und Aufnahmemöglichkeiten der Kinder Rechnung trägt.

Trotz der Begeisterung aller Beteiligten sollte man mit Rücksicht auf die Kinder nicht länger als 45 Minuten einplanen. Wer die Dauer der *Aufnahmefähigkeit* der Kinder kennt, kommt nicht darum herum, die Dauer des Gottesdienstes zu beschränken.

Schulgottesdienste müssen nicht immer Eucharistiefeiern sein. Grundsätzlich sind in den meisten Fällen *Wortgottesdienste* zu bevorzugen.

Praktische Anregungen zum Umgang mit diesem Buch

Die Gottesdienste sind so aufgebaut, dass man sie direkt übernehmen kann. Genauso gut können einzelne Elemente für die Gestaltung von Gottesdiensten in Gemeinde und Schule herausgenommen werden.

Jedes Gottesdienstmodell beinhaltet wenigstens folgende Teile: Eröffnung, Schuldbekenntnis oder Kyrie, Tages-, Gaben- und Schlussgebet, sowie Lesungen, Predigtteil und Fürbitten; andere Elemente sind je nach Situation eingefügt.

Die Schrifttexte wurden oftmals gekürzt, um sie für Kinder zugänglich zu machen oder Schwerpunkte zu setzen. Bei verändertem Schrifttext steht der ganze Text im Buch, sonst wird nur auf die Stelle in der Hl. Schrift (bzw. im Lektionar) verwiesen.

Symbole werden nicht vorausgesetzt, sondern erarbeitet.

Inhaltliche Wiederholungen sind beabsichtigt, um die wesentlichen Gedanken zu vertiefen.

Die unmittelbare Zielgruppe sind Kinder im *Grundschulalter*, wenngleich auch kleinere und größere Kinder angesprochen werden und sich einbringen können.

Schuldbekenntnis, Kyrierufe und Fürbitten sollen immer von Kindern gelesen werden. Am besten kopiert man diese Teile auf verschiedenfarbiges Papier (z. B. Kyrierufe gelb und Fürbitten grün) und verteilt die einzelnen Sätze vor Beginn des Gottesdienstes an die Kinder. Sie können dann an entsprechender Stelle problemlos in den Altarraum gerufen werden.

Längere Spielszenen und veranschaulichte Geschichten (z. B. am Tageslichtprojektor) müssen schon vorher geprobt werden.

Wenn die Möglichkeit besteht, sollen die Kinder bei Eucharistiefeiern ab der Gabenbereitung um den Altar stehen. Beim Friedensgruß können sie dann vom Altar aus zu den Bänken gehen und den Friedensgruß weitergeben.

Es empfiehlt sich grundsätzlich, nach oder während der Kommunionausteilung den Kindern, die die Erstkommunion noch vor sich haben, durch Handauflegung den Einzelsegen zu spenden. Dies stellt eine wichtige Wertschätzung und Anerkennung dar und kann durch jeden getauften Christen vollzogen werden.

Mit Fragen an Kinder während des Gottesdienstes muss vorsichtig umgegangen werden, weil diese dadurch leicht überfordert und abgeschreckt werden können. Ein Gottesdienst sollte nie zur Schulstunde werden, sondern immer den Festcharakter wahren.

Die Ideen dieser Gottesdienste können auch im Religionsunterricht Verwendung finden.

GOTTESDIENSTE ZUM BEGIN DES SCHULJAHRES

Ich habe dich in meine Hand gezeichnet

Der erste Schultag im Leben eines Kindes bedeutet einen wichtigen Lebensabschnitt und ist für jedes Kind aufregend und spannend. Neben der Unsicherheit steht für das Kind vor allen Dingen die Freude im Vordergrund, dass es nun groß und alt genug ist, eine Schülerin oder ein Schüler zu sein. So ist es sinnvoll, wenn das Kind an diesem Tag auf dem Weg zur Schule und zur Kirche von den Eltern oder anderen Personen (Pate, Großeltern, Geschwister) begleitet wird. Das Ziel dieses Wortgottesdienstes bleibt vorwiegend, das Vertrauen auf Gottes Hilfe und seine Nähe zu vermitteln und zu feiern.

Vorbereitung

– *vorbereitetes Namenskärtchen für alle Kinder;*
– *große Hand an Flanelltafel*
– *Text darunter: Ich habe dich in meine Hand gezeichnet.*

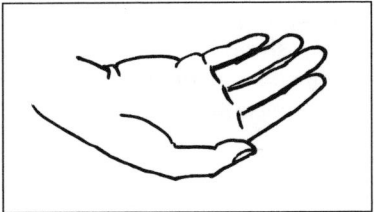

Einführung

Liebe Kinder, liebe Eltern und Christen, heute ist der große Tag der Schulanfänger und Schulanfängerinnen. Lange habt ihr darauf gewartet. Alle sind auch ein wenig aufgeregt. Deshalb feiern wir jetzt ein Fest. Wir feiern hier in der Kirche, weil wir Gott für diesen Tag danken wollen.
Du bist wichtig, deine Eltern haben dir einen Namen gegeben. Ein Namenskärtchen mit deinem Namen hältst du nun in deiner Hand. Auch Gott kennt dich bei deinem Namen und du bist ihm wichtig. Er schaut heute besonders auf dich.
Deshalb rufen wir zu Jesus:

Kyrie

(1) Herr Jesus, du bist unser Freund.
Herr, erbarme dich.
(2) Herr Jesus, du schaust auf uns.
Christus, erbarme dich
(3) Herr Jesus, du begleitest uns
Herr, erbarme dich.

Tagesgebet

Lieber Gott, wir haben uns versammelt und feiern vor dir den ersten Schultag. In Liebe blickst du auf diese Kinder. Wir vertrauen darauf, dass du sie beschützt. Segne und begleite sie durch Jesus Christus, unseren Herrn. Amen.

Lesung *(Jes 49,14-16a)*

Lesung aus dem Buch Jesaja

Zion sagt: Der Herr hat mich verlassen, Gott hat mich vergessen. Aber Gott spricht: Kann denn eine Frau ihr Kindlein vergessen, eine Mutter ihren leiblichen Sohn? Und selbst wenn sie ihn vergessen würde: Ich vergesse dich nicht. Sieh her: Ich habe dich eingezeichnet in meine Hände.

Predigtteil

Aus dem heiligen Buch, der Bibel, haben wir gerade einen schönen Satz gehört. Er heißt:
(Bibel oder Lektionar in die Hand nehmen und den Vers 16 vorlesen:)
„Ich habe dich eingezeichnet in meine Hände." Dieser Satz kommt von Gott und er meint: Gott hat dich so lieb, dass er dein Bild und deinen Namen sogar in seine Hand gezeichnet hat. Gottes Hand ist eine gute Hand, die beschützt und segnet. So, wie auch die Hand deiner Eltern dich beschützt und segnet. In der Hand Gottes können wir uns sicher fühlen. Du bist also bei Gott gut aufgehoben.
Wir haben heute eine große Hand gezeichnet. Sie stellt die offene Hand Gottes dar. Du darfst nun herauskommen und dein Namenskärtchen in

diese Hand Gottes legen. Er hat dich lieb und vergisst dich nicht. Auch dein Leben liegt in Gottes Hand, und das ist gut. *(Kinder kommen nach vorne. Ihr Namenskärtchen wird in der Hand befestigt.)* Es ist schön zu sehen, dass jeder seinen Namen in die Hand Gottes gelegt hat. Jetzt können wir sogar sehen, wie lieb uns Gott hat und wie wichtig wir ihm sind. Dieses Bild wird uns auch Kraft und Mut für dieses Schuljahr geben.

Fürbitten

Guter Gott, in deiner Hand liegt unser Leben. Du kennst unsere Wünsche. Wir bitten dich:

(1) *Schulleiter/Klasslehrer:*
Lieber Gott, halte deine Hand über unsere Kinder und beschütze sie.
(2) *Elternteil:*
Lieber Gott, schenke den Lehrern Geduld und Liebe.
(3) *Schulkind:*
Lieber Gott, mach unsere Eltern froh.

Darum bitten wir durch Jesus Christus, unseren Herrn. Amen.

Einladung zum gemeinsamen Vaterunser-Gebet

Schlussgebet

Guter Gott, in deiner Hand liegt unser Leben. Dein Wort macht uns stark. So können wir das Schuljahr beginnen. Deine Hand wird uns schützen und segnen. Dafür danken wir durch Jesus Christus, unseren Herrn. Amen.

Feierlicher Segen (evtl. Einzelsegen)

(Das Plakat mit der Hand soll in der Schule befestigt werden.)

Gottes bunter Regenbogen

Mit dem Symbol Regenbogen gibt es in diesem Buch auch einen Schlussgottesdienst. Es bietet sich an, die beiden Gottesdienste im Zusammenhang zu feiern. Bei uns fand der Schlussgottesdienst vor den großen Ferien statt, gleich nach den großen Ferien war dann dieser Anfangsgottesdienst. Deshalb sind die Symbole beim Schlussgottesdienst genauer erarbeitet. Die beiden Gottesdienste können aber ebensogut zu Beginn und Ende des Schuljahres sein.

Vorbereitung

- *Ein großer Regenbogen hängt im Altarraum. (Der Regenbogen kann aus Stoffbahnen gefertigt oder auf Holz oder Pappe aufgemalt sein. Es ist aber auch möglich, ihn mit Dia- oder Tageslichtprojektor an die Wand zu projizieren.)*
- *Unter dem Regenbogen sind aus buntem Tonpapier ausgeschnittene Hände befestigt.*
- *Gebetszettel für alle Klassen mit „Regenbogengebet" (vgl. S. 19).*
- *Herz aus rotem Tonpapier (Liebe), Bild von Flammen (Begeisterung), Sonne aus Tonpapier (Freude), Zweig (Leben), hellblaue Wolke aus Tonpapier (Freiheit), dunkelblaues Plakat Wasser (Ruhe), lila Blume(Schönheit).*

Einführung

Liebe Schülerinnen und Schüler, liebe Lehrerinnen und Lehrer, die Ferien sind vorbei; sie waren für uns alle wichtig und schön. Aber jetzt beginnt wieder eine neue Zeit; die Schule hat wieder angefangen. Wir freuen uns auf das neue Schuljahr, die neue Klasse. Wir sind am Anfang gespannt, was uns das Jahr alles bringen wird.

Kinder sprechen:
- Was werden wir wohl in der neuen Klasse lernen?
- Werde ich auch alles können?
- Finde ich neue Freunde?

Sprecher:
Wir sind hier in der Kirche zusammen gekommen, weil wir dieses Schuljahr mit Gott beginnen wollen. Er begleitet uns immer. Er begleitet uns auch in der neuen Klasse.

Kyrie

(1) Wir grüßen Jesus Christus. Er kennt unsere Sorgen.
Kyrie eleison
(2) Wir grüßen Jesus Christus. Er ist uns immer nahe.
Christe eleison
(3) Wir grüßen Jesus Christus. Er liebt uns so, wie wir sind.
Kyrie eleison

Tagesgebet

Lieber Gott, wir danken dir für die Ferien, in denen wir uns erholen konnten und viel Freude hatten. Wir danken dir aber auch für die Schulzeit, denn da können wir viel lernen: von der Welt, von den Menschen und auch von dir. Begleite uns auch im neuen Schuljahr. Darum bitten wir durch Jesus Christus, unseren Herrn. Amen.

Anstelle der Lesung: Erinnerung an Noachs Geschichte *(nach Gen 6-9)*

Wir erinnern uns an die Geschichte von Noach
40 Tage war Noach mit seiner Familie und den vielen Tieren auf seiner Arche.
40 Tage hatte er nur Wasser gesehen. Kein Land, keine Bäume, nur Wasser!
40 Tage betete er, dass Gott ihn und die Seinen retten möge.
Er dachte sich:
Hat Gott uns vergessen?
Hat Gott uns nun allein gelassen?
Wird Gott uns noch einmal retten?
Nach langer Zeit war die Erde wieder trocken.
Noach und alle Menschen und Tiere konnten aus der Arche aussteigen.
Sie waren sehr froh, dass Gott sie gerettet hatte.
Da spannte sich ein großer schöner Regenbogen übers Land.
Gott sprach zu Noach:
Ich stelle meinen Bogen in die Wolken,
er soll das Zeichen des Bundes sein zwischen mir und den Menschen
Ich verspreche euch:
Ich will euch nie vergessen.
Ich werde immer zu euch stehen.

Ich werde für euch sorgen.
Ihr könnt mir vertrauen.
Auf mich könnt ihr euch verlassen.

Lied: Ein bunter Regenbogen *(im Anhang S. 186)*

Predigtteil

(Sicher kannst du dich noch an den Regenbogen erinnern. Mit diesem Regenbogen haben wir das alte Schuljahr abgeschlossen. Auch heute haben wir den Regenbogen wieder aufgehängt. Er soll uns auch ins neue Schuljahr begleiten.)
Der Regenbogen ist ein Zeichen für die Freundschaft Gottes mit allen Menschen. Ein Regenbogen verbindet Himmel und Erde. Ein Regenbogen sagt uns immer wieder: Gott ist unser Freund. Er schaut auf uns und sorgt für uns. Das macht uns froh im neuen Schuljahr. Gott begleitet uns das ganze Jahr hindurch. Er gibt uns Kraft und hilft uns.

Bitten

Die Farben des Regenbogens zeigen uns so vieles, was wir im neuen Schuljahr brauchen werden.
(Kinder kommen mit den Symbolen.)

(1) Ich bringe das rote Herz. Rot ist die Farbe der Liebe. Sie will sagen: Kommt! Wir wollen in der Schule freundlich miteinander umgehen. *Alle:* Herr, bleibe bei uns.

(2) Ich bringe die orangefarbenen Flammen. Orange steht für Begeisterung. Wir freuen uns auf das neue Schuljahr und wünschen allen viel Spaß in der Schule.

(3) Ich bringe die gelbe Sonne. Gelb steht für die Freude. Wenn wir zusammenhalten, können wir viel Freude erleben und mit frohem Herzen in die Schule gehen.

(4) Ich bringe den grünen Zweig. Grün ist die Farbe des Lebens. Wir wollen die Natur und unsere Umwelt schützen.

(5) Ich bringe eine hellblaue Wolke. Hellblau erinnert uns an den weiten Himmel und die Freiheit. Wir freuen uns auf die Freizeit und alle Pausen, in denen wir tun können, was wir wollen.

(6) Dieses dunkelblaue Wasser lässt uns an Ruhe denken. Wir wünschen allen Lehrern, Eltern und Schülern die Ruhe und Erholung, die sie brauchen.

(7) Ich bringe eine violette Blume. Sie zeigt uns die Schönheit. Wir wollen das Schöne in der Natur und in unserem Leben entdecken. Das macht uns froh.

Vaterunser

Segen

(Alle Kinder beten gemeinsam [Gebetstext auf Folie])
Lieber Gott,
du bist unser Freund.
Du hast uns lieb.
Spanne deinen Bogen der Freundschaft über uns,
damit auch wir Freunde werden und uns gut verstehen.
Schenke uns dazu deinen Segen. Amen.

Pr.: Das gewähre euch der allmächtige Gott, im Namen des Vaters und des Sohnes und des Heiligen Geistes. Amen.

(Zum Schluss darf sich jede Klasse ein Gebetblatt mit dem mitnehmen, auf dem unter einem Regenbogen das Segensgebet [s. o.] steht.)

Gott begleitet uns

Vorbereitungen

- *Bergschuhe, Seil. Helm, Bergkarte;*
- *Rucksack, darin Ball, Kreuz, Pausenbrot, Heft, Buch Rechenmaschine;*
- *Bildkarte mit Gebetstext für jede Klasse mit Foto von Bergsteiger;*
- *Tageslichtprojektor;*
- *Folienbild Bergsteiger.*

Einführung

Liebe Lehrerinnen und Lehrer, liebe Schülerinnen und Schüler. Das Schuljahr hat angefangen und wir sind in die Kirche gekommen, weil wir es mit Gott beginnen wollen.

Ich habe euch ein Bild mitgebracht (*Folienbild Bergsteiger*). Dieses Bild zeigt Menschen, die einen Berg besteigen wollen. Wir sehen einen sehr hohen Berg. Die Bergsteiger müssen sich sicher anstrengen, um ihr Ziel, den Gipfel, zu erreichen. Diese Leute haben etwas ganz Großes vor – aber es macht ihnen Spaß und sie freuen sich jetzt schon darauf, am Gipfel zu sein. Auch wir haben etwas Großes vor: Wir wollen das neue Schuljahr beginnen und die nächste Klasse schaffen. Wir müssen uns anstrengen, aber es macht auch Spaß und wir freuen uns, wenn wir das Ziel dann erreicht haben.

Kyrie

(1) Herr Jesus Christus, wir stehen vor einem neuen Schuljahr. Du bist bei uns.

Kyrie eleison.

(2) Herr Jesus Christus, Schüler und Lehrer müssen sich in der Schule anstrengen. Du bist bei uns.

Christe eleison.

(3) Herr Jesus Christus, es ist schön, viel zu können. Du bist bei uns.

Kyrie eleison.

Tagesgebet

Großer Gott, wir stehen vor dem neuen Schuljahr und wollen uns auf den Weg machen. Vieles wird mühsam sein, vieles wird Spaß machen. Wenn du uns begleitest, können wir uns sicher fühlen. Du hilfst uns. Wir danken dir durch Jesus Christus, unseren Herrn. Amen.

Lesung *(Kindergebet nach Psalm 139)*

Lesung aus dem Buch der Psalmen

Ich schaue oft Berge an und denke an Gott.
Er hat Himmel und Erde gemacht.
Von ihm kommt Hilfe.
Mit ihm steht mein Fuß auf festem Boden.
Gott ist mein Hüter und schläft nie.
Der Herr gibt mir Schatten und steht mir zur Seite.
Er schützt mich vor allem Bösen.
Er schaut liebevoll auf mich.
Der Herr behütet mich, wenn ich fortgehe
und wenn ich wiederkomme.

Nach der Lesung

Heute habe ich einen Bergsteiger mitgebracht.
(Bergsteiger kommt.)
Wir sehen, dass er sich auskennt mit dem Bergsteigen, weil er ganz besonders ausgerüstet ist. Er hat Bergschuhe an, dass er nicht so leicht ausrutschen kann. Er hat einen Helm auf, damit ihm keine Steine auf den Kopf fallen. Im Rucksack kann er die wichtigsten Sachen mitnehmen. In

diesen Rucksack werden wir später noch hineinschauen. Und das Seil ist ganz wichtig, damit er sich mit den anderen zusammenbinden kann, denn Bergsteiger halten zusammen.

Evangelium *(Mt 17,1-2.4-5)*

Predigtteil

Liebe Schülerinnen und Schüler, wir haben gehört: Jesus ist mit seinen Jüngern auch einmal auf einen Berg gestiegen. Als sie nach großer Anstrengung den Gipfel erreicht hatten, hatten sie ein großes Erlebnis. Gott, der Vater Jesu, sprach aus einer Wolke: Jesus ist mein geliebter Sohn, er gefällt mir. Die Jünger haben etwas Großes erlebt, als sie mit Jesus gemeinsam den Berggipfel erreicht hatten.

Unser Bergsteiger steigt heute nicht auf einen Berg. In seinem Rucksack hat er heute auch keine Sachen für eine Bergtour dabei, sondern Gegenstände, die *wir* für das Schuljahr brauchen.

(Rucksack öffnen.)

Was ist in dem Rucksack?

– *Heft*: In der Schule müssen wir lesen und schreiben lernen.

– *Pausenbrot*: Wir wollen in der Schule gerne einmal ausruhen und ein Pausenbrot essen.

– *Zählmaschine*: In unserer Schule müssen wir auch rechnen lernen. Und vieles andere lernen wir auch.

– *Ball mit lachendem Gesicht (aufgemaltes Gesicht nach vorne drehen)*: Im kommenden Schuljahr dürfen wir auch wieder Spiele machen und Spaß haben.

– Dieses Gesicht erinnert uns an die Freude, die wir erleben wollen.

– *Kreuz:* Dieses Kreuz erinnert uns daran, dass wir auf dem Weg durch das Schuljahr nicht allein sind. Jesus ist bei uns. Deshalb hängt so ein Kreuz auch in unserem Klassenzimmer. Es sagt uns: Jesus ist da. Er begleitet uns durch das ganze Schuljahr. Auf ihn können wir uns verlassen. Er ist bei uns, was auch immer kommen mag. Wie die Jünger können wir mit ihm schöne und großartige Sachen erleben.

Fürbitten

Lieber Gott, wir stehen vor einem neuen Schuljahr. Wir wissen noch nicht, was es uns alles bringen wird. Wir bitten dich:

(1) Wir beten für alle Kinder, die in die erste Klasse kommen. Wir wünschen ihnen viel Freude in der Schule.
Herr, begleite sie.
Alle: Herr, begleite sie.

(2) Wir beten für alle Kinder, die einen gefährlichen Schulweg haben. Wir wünschen ihnen, dass sie immer sicher ans Ziel kommen.
Herr, begleite sie.

(3) Wir beten für alle Kinder, die neu in eine Klasse kommen. Wir wünschen ihnen, dass sie Freunde finden.
Herr, begleite sie.

(4) Wir beten für alle Eltern. Wir wünschen ihnen viel Geduld und Verständnis für ihre Kinder.
Herr, begleite sie.

(5) Wir beten für alle Lehrer. Wir wünschen ihnen viel Kraft und Freude in der Schule.
Herr, begleite sie.

Gott, du bist bei uns und willst, dass es uns in der Schule gut geht. Deshalb vertrauen wir dir unsere Sorgen an und bitten dich durch Jesus Christus, unseren Herrn. Amen.

Gabengebet

Guter Gott, du hast die Welt so wunderbar erschaffen. Wir bringen unsere Gaben, Brot und Wein. Sie stehen für alle Dinge, die du uns schenkst. So stärkst du uns durch dieses Schuljahr durch Christus, unseren Herrn. Amen.

Schlussgebet

Wir freuen uns auf das nächste Schuljahr. Wir wissen nicht, was uns alles erwartet. Mit deiner Hilfe brauchen wir uns nicht zu fürchten. Du bist bei uns. Dafür danken wir durch Jesus Christus, unseren Herrn. Amen.

(Zum Abschluss bekommt jede Klasse ein Blatt mit dem Gebetstext des Psalms [Lesung]. Man kann es in der Klasse miteinander beten oder aufhängen. Es kann uns erinnern: Gott ist mit uns an jedem Tag des neuen Schuljahres. Ein Kind [oder LehrerIn] darf es abholen.)

Gott ist Schirm und Schutz

Vorbereitungen

- *Im Altarraum und in der
  Kirche sind einige bunte
  Regenschirme aufgespannt.*
- *Flanelltafel;*
- *Köpfe aus Tonpapier;*
- *Regenschirm aus Tonpapier
  (evtl. segnende Hand);*
- *dunkle Wolken aus Tonpapier;*
- *Gebetsblätter für alle Klassen.*

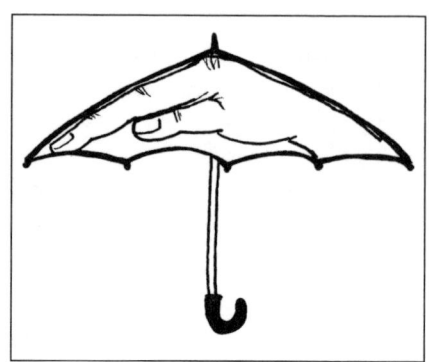

Einführung

Liebe Lehrerinnen und Lehrer, liebe Schülerinnen und Schüler, liebe
Eltern, wir beginnen ein neues Schuljahr.

Ihr werdet euch wohl wundern, weshalb hier so viele Regenschirme in
der Kirche aufgespannt sind. Es regnet ja nicht in der Kirche. Wir haben
Regenschirme mitgenommen und ihr fragt euch, was haben Regenschirme mit einem Gottesdienst zu tun?

(Bezug nehmen auf momentanes Wetter draußen!)

Schon wenn dunkle Wolken am Himmel sichtbar werden, wollen wir
nicht aus dem Haus gehen. Wenn wir aber bei Regen aus dem Haus
gehen müssen, dann sind wir froh, einen Regenschirm zu haben. Denn
wir bleiben trocken und er schützt uns vor der Nässe.

Gut, dass es Regenschirme gibt!

Wir wollen heute in diesem Gottesdienst darüber nachdenken, was uns
im Schulleben beschirmt und schützt, denn auch in der Schule gibt es
dunkle und schwarze Wolken, die uns bedrohen.

*(Fünf Kinder kommen und sprechen, dann hängen sie eine dunkle Wolke an die
Flanelltafel:)*

- Werde ich auch alles schaffen?
- Werde ich auch Freunde finden?
- Wird meine Lehrerin zufrieden sein?
- Muss ich Angst haben?
- Wird mir etwas Schlimmes passieren?

Tagesgebet

Guter Gott, wir beginnen ein neues Schuljahr und freuen uns. Vieles werden wir lernen, vieles wird uns Spaß machen, einiges wird uns auch schwer fallen. Begleite uns auch in diesem Schuljahr und schütze uns vor Angst und Gefahr. Darum bitten wir durch Jesus Christus unsern Herrn. Amen.

Lesung *(Psalm 31,15.17.21-23b)*

Lesung aus dem Buch der Psalmen

Herr, ich vertraue dir, ich sage:
Du bist mein Gott.
Lass dein Angesicht leuchten über mir,
hilf mir in deiner Güte.
Du beschirmst die Menschen im Schutz deines Angesichts.
Wie unter einem Dach bewahrst du sie.
Gepriesen sei der Herr,
der wunderbar an mir gehandelt
(und mir seine Güte bewiesen hat, als ich in Bedrängnis war.
Ich dachte schon in meiner Angst:
Ich bin aus deiner Nähe verstoßen.
Doch du hast mein lautes Flehen gehört.)
Liebt den Herrn, all seine Frommen.
Seine Gerechten beschirmt der Herr.

Evangelium *(Mk 10,13-16)*

Predigtteil

Gott kennt uns und sieht auch unsere Fragen und Ängste, die dunklen Wolken in unserem Leben. Er lässt uns nicht allein. Deshalb schickt er uns Menschen, die auf uns schauen, uns helfen und uns beschützen. Er stellt uns Menschen zur Seite: Eltern, Freunde, Lehrer und Lehrerinnen, Kollegen, die uns begleiten und abschirmen vor Gefahren. Gott selbst will uns Schutz und Schirm sein.
(Bild von Schirm wird an Flanelltafel geheftet.)
Im Evangelium zeigt Jesus uns das. Er legt den Kindern die Hände auf und segnet sie alle. So will er uns auch für das kommende Schuljahr segnen.

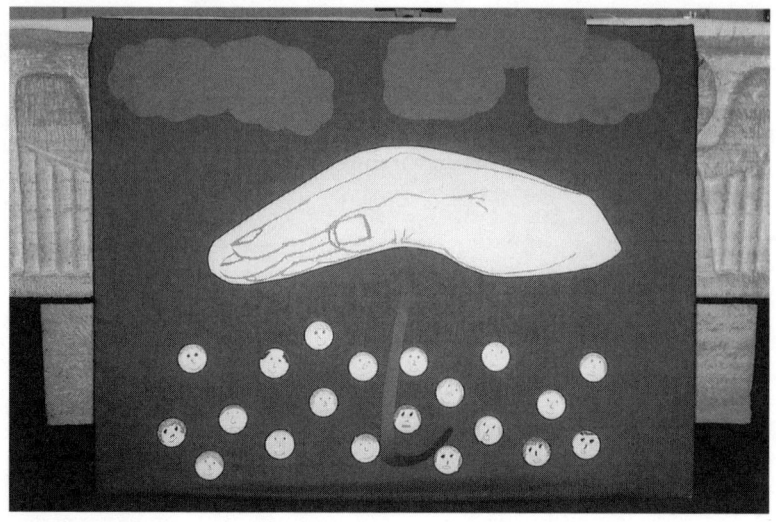

Fürbitten

Gott, du kennst uns und siehst die dunklen Wolken in unserem Leben.

(1) *(Kind):*
   Im neuen Schuljahr wollen wir viel lernen und Freude haben.
   Herr, sei uns Schutz und Schirm!
Alle: Herr, sei uns Schutz und Schirm!

(2) *(Kind):*
   Einiges wird uns auch schwer fallen.
   Herr, sei uns Schutz und Schirm!

(3) *(Lehrer/In):*
   Wir brauchen oft viel Geduld.
   Herr, sei uns Schutz und Schirm!

(4) *(Elternteil):*
   Wir sorgen uns um das Wohlergehen und die Gesundheit unserer
   Kinder.
   Herr, sei uns Schutz und Schirm!

(5) *(Kind):*
   Wir wollen alle zusammen helfen, damit wir an unserer Schule
   eine gute Gemeinschaft sind .
   Herr, sei uns Schutz und Schirm!

Darum bitten wir durch Jesus Christus, unseren Herrn. Amen.

26

Gabengebet

Starker Gott, du hältst deine Hand über uns und erfüllst alles mit deinem Segen. Segne diese Gaben, die uns immer wieder stärken auf unserem Weg, durch Jesus Christus, unseren Herrn. Amen.

Schlussgebet

Lieber Gott, lass dein Angesicht leuchten über uns, hilf uns in deiner Güte. Du beschirmst die Menschen im Schutz deines Angesichts. Wie unter einem Dach bewahrst du uns. Dafür danken wir dir durch Jesus Christus, unseren Herrn. Amen.

(Am Schluss darf sich ein Kind aus jeder Klasse das Gebetsblatt abholen.)

Schirmgebet

Herr,
ich vertraue dir,
ich sage:Du bist mein Gott.
Lass dein Angesicht leuchten über mir,
hilf mir in deiner Güte. Du beschirmst die Menschen
im Schutz
deines
Angesichts.
Wie unter
einem Dach
bewahrst du sie.
(Psalm 31)

Gott ist unser guter Hirte

Vorbereitungen

– *Stoffschaf*
– *Folienbild von einem Hirten (vgl. S. 29)*
– *Gebetsblatt mit Psalm 23 für alle Klassen;*
– *Blumentopf mit Sand gefüllt;*
– *7 Tonpapierblumen, die man mit Stäben in den Blumentopf stecken kann, mit den Aufschriften:* Lernen, Fröhlich sein, Freunde, Lehrer, Eltern, Schule, Gott.

Einführung

Liebe Kinder, liebe Lehrerinnen und Lehrer, liebe Eltern, ein neues Schuljahr hat angefangen. Es wird uns viel Neues bringen. Wir sind gespannt, was alles auf uns zukommt. Wir wollen dieses Schuljahr miteinander hier in der Kirche mit Gott beginnen, weil wir ihm danken wollen.

Heute ist ein kleines Schaf aus dem Bergland von Israel zu uns gekommen. Dort gibt es für die Schafe nicht so schöne grüne Wiesen und Weiden wie bei uns. Die Tiere müssen den ganzen Tag auf dem trockenen Boden Gras und Wurzeln zum Fressen suchen.

(Schaf [Kind mit Stoffschaf im Arm] spricht):
In unserem Bergland ist es nicht nur trocken, sondern auch gefährlich. Dort gibt es nämlich Wölfe. Ich traue mich alleine nie auf die Weide. Ja, wenn ich noch so viel Hunger hätte, würde ich nie alleine hinausgehen, auch nicht mit den anderen Schafen allein.
Aber zum Glück muss ich das auch gar nicht. Ich brauche nie alleine in die Berge zu gehen. Es gibt einen, der mich beschützt. Bei ihm brauche ich keine Angst zu haben – vor nichts und niemand. Das ist mein guter Hirte. Er beschützt mich mit seinem großen Stab vor wilden Tieren und Dieben. Mein Hirte ist so mutig. Er ist

28

auch so stark. Stellt euch vor!
Einmal habe ich mich am Fuß
verletzt. Da hat er mich ein wei-
tes Stück getragen.
Unser Hirte ist ein guter Hirte.
Jeden Tag findet er einen Platz,
wo wir genug gutes Futter finden, die anderen Schafe und ich.
Auf meinen Hirten kann ich
mich verlassen. Es ist gut, dass
es meinen Hirten gibt.

Kyrie

(1) Herr Jesus Christus, ein Schuljahr beginnt. Du begleitest uns.
Kyrie eleison.
(2) Herr Jesus Christus, du weißt, was wir brauchen. Du sorgst für
uns.
Christe eleison.
(3) Herr Jesus Christus, du bist unser Hirte. Du führst uns.
Kyrie eleison.

Tagesgebet

Guter Gott, wir danken dir für die schönen Ferien. Mit dir wollen wir diesen Gottesdienst feiern und in das neue Schuljahr gehen. Wir freuen uns,
dass wir miteinander lernen und spielen können. Manches wird uns aber
auch schwer fallen. Hilf uns im neuen Jahr. Darum bitten wir durch Jesus
Christus, unseren Herrn. Amen.

Lesung (*Psalm 23*)

Lesung aus dem Buch der Psalmen

Der Herr ist mein Hirt,
immer sorgt er für mich.
Er bringt mich auf saftige Weiden,
und am frischen Wasser lässt er mich ruhen.
Er gibt mir neue Kraft.

Er führt mich, damit ich nicht irre gehe;
auf ihn kann ich mich verlassen.
Selbst wenn es durch finstere Schluchten geht,
habe ich keine Angst;
denn du, Herr, bist bei mir,
du beschützt mich und führst mich.
Glück und Segen begleiten mich nun mein Leben lang.
Für immer darf ich in deinem Haus wohnen.

Evangelium *(Zur Auswahl: Lk 5,1-10; Joh 10,1-5.10; Joh 10,11-18;*
Joh 10,27-30;)

Predigtteil

Unser Schaf braucht einen guten Weideplatz und einen Ruheplatz am
Wasser zum Leben. Und es braucht jemanden, der es beschützt und bei
ihm ist. Das ist sein guter Hirte.
Gott sagt: Ich bin dein guter Hirte. Was du zum Leben brauchst, das
bekommst du von mir.
In der Schule haben wir oft viel Freude miteinander. Manchmal gibt es
aber auch schwere Zeiten. Vieles ist schwierig. Es gibt Angst und Streit.
Dann will Gott uns Mut machen. Wie der Hirte mit seinem Stab den
Schafen vorausgeht und sie beschützt, so geht Gott mit uns durch das
Schuljahr.
Freilich wird Gott nicht alle Hindernisse aus dem Weg räumen. Er will ja,
dass wir selbstständig werden und selbst lernen, mit Schwierigkeiten
zurechtzukommen.
Aber: Er geht mit uns und begleitet uns, damit wir – wenn es uns einmal
schwer fällt – nicht verzagen. Dafür wollen wir ihm danken:

Dank

Guter Gott, du begleitest uns als unser guter Hirte durch dieses Schuljahr. Du schenkst uns alles, was wir brauchen. In Freude und Dankbar-
keit beten wir nun zu dir:

(1)   *Lehrer/in (kommt mit Blume „Lernen"):*
      Ein neues Schuljahr beginnt. Unsere Kinder können rechnen, lesen,
      schreiben und noch vieles mehr lernen.
      Guter Gott, wir danken dir.

Alle: Guter Gott, wir danken dir.
(Steckt die Blume in den Topf.)

(2) *Lehrer/in (mit Blume „Fröhlich sein"):*
Unsere Kinder können malen, singen, turnen, spielen, lachen und fröhlich sein.
Guter Gott, wir danken dir.

(3) *Kind (mit Blume „Freunde"):*
Wir können Freunde finden und Freundschaften schließen.
Guter Gott, wir danken dir.

(4) *Kind (mit Blume „Lehrer"):*
Wir haben Lehrer, die uns in der Schule helfen.
Guter Gott, wir danken dir.

(5) *Kind (mit Blume „Eltern"):*
Wir haben Eltern, die uns lieb haben.
Guter Gott, wir danken dir.

(6) *Kind (mit Blume „Schule"):*
Wir haben ein Schulhaus, Bücher und andere Lehrmittel.
Guter Gott, wir danken dir.

(7) *Kind (mit Blume „Gott"):*
Wir haben dich, o Gott. Du bist unser guter Hirte, der uns begleitet und Mut macht.
Guter Gott, wir danken dir.

Gabengebet

Lieber Gott, du bist unser Hirte. Wir bringen zum Dank einen Blumenstrauß. Wir bringen Brot und Wein. Du bist bei uns durch Jesus Christus, unseren Herrn. Amen.

Schlussgebet

Guter Gott, du willst uns als Hirte auf dem Weg durch das Schuljahr führen. Wir vertrauen dir. In guten und schlechten Zeiten stehst du uns bei. Dafür danken wir durch Jesus Christus, unseren Herrn. Amen.

ERNTEDANK

Von der Sonnenblume können wir lernen zu danken

Vorbereitungen

- *Kinder bringen Erntegaben in den Gottesdienst mit;*
- *große Sonnenblume;*
- *Foto von einer Sonnenblume für jedes Kind;*
- *vorbereitete Gaben für die Danksätze: Korb mit Gemüse, Korb mit Obst, Blumen, Getreide, Brot.*

(Kinder bringen die mitgebrachten Früchte zum Altar.)

Einführung

Liebe Kinder, liebe Christen, heute ist Erntedank; wir danken Gott für die Ernte des Jahres. Wir danken für all das, was er auf Erden wachsen lässt. Mit Gottes Hilfe geht es uns gut. Wir haben mehr als wir zum Leben brauchen.

Schuldbekenntnis

Manchmal gehen wir nicht gut mit dem um, was wir bekommen haben.

(1) Viele Menschen wären froh um eine Hand voll Reis.
    Wir sind nicht immer bereit, mit ihnen zu teilen.
    Gott, verzeihe uns!
(2) Die Natur ist so schön und schenkt uns das Leben.
    Oft aber verschmutzen wir Wasser und Erde.
    Gott, verzeihe uns!

(3) Wir sind immer satt und haben genug zu essen.
Oft denken wir: „Das ist selbstverständlich!" und vergessen zu danken.
Gott, verzeihe uns!
Herr, erbarme dich unser, nimm von uns unsere Schuld und führe uns zum ewigen Leben. Amen.

Tagesgebet

Guter Gott, von dir kommt alles Leben. Du hast die Welt so gut und schön geschaffen. Du lässt alles wachsen. Wir freuen uns über die gute Ernte dieses Jahres. Wir danken dir für all das Gute, das du uns schenkst. Wir loben und preisen dich, jetzt und in Ewigkeit. Amen.

Lesung *(Joël 2,21-24)*

Lesung aus dem Buch Joël

Fürchte dich nicht, fruchtbares Land!
Freu dich und juble;
denn der Herr hat Großes getan.
Fürchtet euch nicht, ihr Tiere auf dem Feld!
Denn das Gras in der Steppe wird wieder grün,
der Baum trägt seine Frucht,
Feigenbaum und Weinstock bringen ihren Ertrag.
Jubelt, ihr Kinder Zions,
und freut euch über den Herrn, euren Gott!
Denn er gibt euch Nahrung, wie es recht ist.
Er schickt euch den Regen,
Herbstregen und Frühjahrsregen wie in früherer Zeit.
Die Tennen sind voll von Getreide,
die Keltern fließen über von Wein und Öl.
Ihr werdet essen und satt werden
und den Namen des Herrn, eures Gottes, preisen,
der für euch solche Wunder getan hat.

Evangelium *(Lk 17,11-19)*

Predigtteil

(Sprecher nimmt eine große Sonnenblume in die Hand.)
Ihr kennt diese große Blume. Wie heißt sie?
Warum heißt diese Blume *Sonnen*blume?
Sie sieht aus wie eine Sonne. – Aber es hat noch einen Grund. Wir wissen, dass die Sonnenblume ihr Gesicht immer der Sonne zuwendet. Am Morgen schaut sie nach Osten, wo die Sonne aufgeht. Und wenn die Sonne im Westen untergeht, schaut auch die Sonnenblume in diese Richtung. Von der Sonne bekommt sie Leben und Kraft.
So ist es auch mit Gott. Wir verdanken Gott Leben und Kraft. Wir können von der Sonnenblume lernen. Sie würde uns sagen: „Schau auf den, der alles schenkt!"
Deshalb wenden wir uns heute an Gott und danken ihm.
(Die Kindergartenkinder danken Gott mit einem Tanz.)
(Evtl. Tanz der Kindergartenkinder.)

Dank und Bitte der Kinder

(Die Kinder können dazu die passenden Gegenstände von den mitgebrachten Erntegaben in die Hand nehmen.)

Gott, unser Tisch ist täglich reich gedeckt. Wir danken dir für die Früchte der Erde.

(1) Wir danken für gelbe Rüben, Blumenkohl und Salat. Wir danken dir für alles Gemüse. Das Gemüse ist gut und gesund.
(2) Wir bitten für alle, die nicht genug haben, um gesund zu essen.
(3) Wir danken für Äpfel, Birnen und Pflaumen. Wir danken dir für alles Obst. Es schmeckt uns gut und ist gesund.
(4) Wir bitten für alle Kinder, die kein Obst essen können, weil es in ihrem Land schon lange nicht mehr geregnet hat.
(5) Wir danken für Sonnenblumen, Rosen und Astern. Wir danken für alle Blumen. Sie erfreuen uns, weil sie so bunt und schön sind.
(6) Wir bitten für alle Menschen, die die Schönheit der Blumen nicht sehen.
(7) Wir danken für das Getreide. Die Körner werden zu Mehl gemahlen. Wir können damit Brot und vieles andere backen.
(8) Wir bitten für alle Menschen, die nicht einmal das tägliche Brot haben.

(9) Wir danken dir für das Brot. Es schenkt Leben und Kraft. Wir danken dir für den Wein. Er schenkt den Menschen Freude. Wir bringen Brot und Wein an den Altar, um miteinander dein Mahl zu feiern.

(10) Wir bitten dich für alle Menschen, die an diesem Mahl teilnehmen.

Wir danken dir und bitten dich durch Jesus Christus, unseren Herrn. Amen.

Gabengebet

Lieber Gott, Brot und Wein stehen auf dem Tisch, dem Altar. Bei deinem Mahl, das wir nun miteinander feiern, schenkst du uns deine Liebe und deine Nähe. Dafür danken wir durch Jesus Christus, unseren Herrn. Amen.

Schlussgebet

Gott, unser Vater, von der Sonnenblume können wir lernen zu danken. Als Beschenkte können wir auch gut weiterschenken. Nicht nur heute, sondern alle Tage wollen wir dir und unseren Mitmenschen dankbar bleiben. Wir loben und preisen dich durch Jesus Christus, unseren Herrn. Amen

(Am Schluss bekommt jedes Kind ein Bild von einer Sonnenblume.)

Ein Apfel erzählt

Vorbereitung

- *Alle Kinder wurden aufgefordert, zum
  Gottesdienst einen Apfel mitzubringen.*
- *Die Kinder, die keinen Apfel haben,
  bekommen einen an der Kirchentüre.*
- *Folienbilder oder Dias: blühender Apfel-
  baum, schöner Apfel.*
- *Für die Dankprozession: Korb mit Äpfeln
  und anderen Früchten, Korb mit Gemüse,
  Brot, Fleisch, Spielzeughaus, Schultasche,
  großes Familienbild.*

Einführung

Liebe Kinder, liebe Erwachsene, wir freuen uns, dass wir wieder hier
zusammengekommen sind um miteinander zu feiern. Heute ist ein
besonderes Fest.
(*Kinder:* Erntedankfest.)
Dieser Gottesdienst soll ein Dankfest werden. Für das Fest haben wir uns
vorbereitet. Wir haben alle etwas mitgebracht; alle haben einen Apfel
dabei. Hier vorne sehen wir einen schönen Erntealtar aufgebaut mit
lauter schönen und guten Sachen. Heute wollen wir Gott mit Gebeten,
Liedern und einem Tanz Danke sagen für all diese guten Sachen.

Kyrie

(1) Guter Gott, du hast Himmel und Erde erschaffen.
    Kyrie eleison.
(2) Guter Gott, du lässt Blumen und Früchte wachsen.
    Christe eleison.
(3) Guter Gott, du schenkst uns alles, was wir zum Leben brauchen.
    Kyrie eleison.

Tagesgebet

Lieber Gott, du hast alles um uns so schön gemacht, die Blumen, die Felder und Wiesen. Wir loben und preisen dich und danken dir dafür. Hilf uns, mit deinen Gaben gut umzugehen. Darum bitten wir dich durch Jesus Christus, unseren Herrn. Amen.

Lesung *(Psalm 104, 1.10-12.14-15a.24)*

Lesung aus dem Buch der Psalmen

Lobe den Herrn, meine Seele!
Herr, wie groß bist du!
Du lässt die Quellen hervorsprudeln in den Tälern,
sie eilen zwischen den Bergen dahin.
Allen Tieren des Feldes spenden sie Trank,
die Wildesel stillen ihren Durst daraus.
An den Ufern wohnen die Vögel des Himmels,
aus den Zweigen ertönt ihr Gesang.
Du lässt Gras wachsen für das Vieh,
auch Pflanzen für den Menschen, die er anbaut,
damit er Brot gewinnt von der Erde
und Wein, der das Herz des Menschen erfreut.
Herr, wie zahlreich sind deine Werke!
Mit Weisheit hast du sie alle gemacht,
die Erde ist voll von deinen Geschöpfen.

Evangelium *(Mt 6,25-29)*

Aus dem heiligen Evangelium nach Matthäus

Eines Tages sprach Jesus:
Macht euch keine Sorgen um Essen und Trinken und um eure Kleidung. Das Leben ist mehr als Essen und Trinken, und der Körper ist mehr als die Kleidung. Seht euch die Vögel an! Sie säen nicht, sie ernten nicht, sie sammeln keine Vorräte – aber euer Vater im Himmel sorgt für sie. Und ihr seid doch viel mehr wert als alle Vögel! Wer von euch kann sein Leben durch Sorgen auch nur um einen Tag verlängern? Und warum macht ihr euch Sorgen um eure Kleidung? Lernt von den Lilien, die auf dem Feld wachsen! Sie arbeiten nicht und machen sich keine Kleider; doch ich sage euch: Nicht einmal König Salomo war bei all seinem Reichtum so prächtig gekleidet wie irgendeine von ihnen.

Predigtteil *(nach einer Idee aus der Pfarrei St. Maria in Schramberg)*

Liebe Kinder, ihr habt jetzt einen Apfel in der Hand. Dein Apfel möchte dir jetzt etwas erzählen. Nimm ihn in deine Hand und halte ihn an dein Ohr! Er kann dir und den großen Leuten in der Kirche eine Geschichte erzählen. Er hat eine Botschaft von Gott, von der Liebe Gottes.

(Aus der Sakristei wird die Predigt eines Apfels verlesen, so dass kein Sprecher sichtbar ist.)

Ich bin nur ein ganz gewöhnlicher Apfel; nichts besonderes ist an mir. Ich bin einer wie viele andere, die am Apfelbaum wachsen oder im Laden in der Kiste liegen, damit die Leute ihn kaufen können.

(Folienbild: blühender Apfelbaum.)

Ich komme von einem großen Apfelbaum. Als der Frühling kam, da wuchsen Knospen an diesem Baum und sprangen auf zu vielen weißroten Blüten. Wie ein Blütenmeer sah mein Baum aus. „Wie schön!", staunten die Leute und bekamen ein frohes Gesicht. Viele, viele Blüten fielen dann ab, ohne dass etwas daraus wurde.

Die meisten Blüten blieben aber am Baum hängen und wurden zu einem Apfel.

Der Wind spielte in den Ästen meines Baumes, die Sonne schien und Regen fiel. Ich begann zu wachsen. Klein und grün war ich zuerst. Es dauerte viele Tage, viele Wochen, viele Monate, bis ich ein so schöner, roter, dicker Apfel geworden bin, saftig und süß. Ja, bis etwas reif wird, braucht man viel Geduld.

(Folienbild: rotbackiger Apfel.)

Ich habe gewartet bis ich reif war und nun bin ich schön und gut. Gewachsen bin ich ganz ohne euer Zutun, liebe Menschen! Auch wenn ihr mir viel Geld gegeben hättet, ich wäre nicht schneller gewachsen und wäre nicht schöner oder besser geworden. Gott hat mich wachsen lassen, ganz umsonst! Er wollte euch Menschen eine Freude machen, zuerst mit der Blütenpracht am Baum und dann mit mir, dem reifen, guten Apfel. Ihr sollt merken: Gott hat mich lieb! Er beschenkt mich!

Das ist meine Botschaft für euch alle, die Botschaft eines Apfels und jeder Frucht: Gott hat dich lieb! Er will dir Freude machen!

Ja, ich bin ein Geschenk. Du kannst mich auch zu einem Geschenk für andere machen. Du kannst mich weiterschenken und damit Freude bereiten.

Dank statt Fürbitten

Gott, du lässt alles wachsen und sorgst für uns. Wir bekommen so viel zum Leben von dir und möchten dafür danken.

(1) Ich bringe Äpfel und andere Früchte. Sie sind gesund und schmecken gut.
Damit möchten wir dir für das Obst danken und für die Freude, die du uns damit machst.
Guter Gott, danke schön!
Alle: Guter Gott, danke schön!

(2) Ich bringe Brot, Gemüse und Fleisch. Du schenkst uns diese Nahrungsmittel und Menschen, die sie zubereiten.
Damit möchten wir dir für alles danken, was wir zu essen haben.
Guter Gott, danke schön!

(3) Ich bringe dieses kleine Haus. Wir haben eine Wohnung, die warm und gemütlich ist. In der Wohnung sind wir geborgen.
Damit möchten wir dir für unsere Wohnung und unser Zuhause danken.
Guter Gott, danke schön!

(4) Ich bringe meine Schultasche. Jeden Tag brauche ich sie in der Schule. Ich kann etwas lernen. Meine Eltern verdienen mit ihrer Arbeit Geld.
Damit möchten wir dir dafür danken, dass wir in der Schule und in der Arbeit etwas schaffen und leisten können.
Guter Gott, danke schön!

(5) Ich bringe dieses Bild von meiner Familie. Ich bin sehr froh, dass ich Eltern, Geschwister, Großeltern, Verwandte und Freunde habe. Wir danken dir für alle Menschen, die uns lieb haben und gut zu uns sind.
Guter Gott, danke schön!

Vater im Himmel, wir danken dir, dass wir haben, was wir zum Leben brauchen. Wir möchten gut mit deinen Geschenken umgehen und sie auch weiterschenken und teilen. Durch Jesus Christus, unseren Herrn. Amen.

Gabenbereitung

(Alle Kinder bringen in einer Gabenprozession ihren Apfel zum Altar und legen ihn vor dem Altar nieder. Dazu werden die folgenden Strophen nach der bekannten Melodie „Danke für diesen guten Morgen" gesungen.)

Lied

(1) Danke für diesen guten Apfel.
Danke für jedes Stückchen Brot.
Danke, dass wir als deine Kinder leiden keine Not.
(2) Danke für die reiche Ernte.
Danke für unser täglich Brot.
Du hast ja alles wachsen lassen, danke guter Gott.
(3) Danke, aus Blüten wurden Äpfel.
Danke für jeden, lieber Gott.
Danke, ich kann ihn weiterschenken, hier an diesem Ort.

Gabengebet

Lieber Gott, wir bringen dir unsere Gaben Brot und Wein mit vielen Früchten des Jahres. Nimm mit diesen Gaben auch unseren Willen zum Gutsein und zum Teilen an. Darum bitten wir durch Jesus Christus, unseren Herrn. Amen.

Hinweis

Zum Danke-Sagen gehört auch das Teilen und Verschenken. Der Apfel hat gesagt: Ich bin ein Geschenk von Gott. Du kannst nun diesen Apfel weiter schenken und mit dem Apfel anderen eine Freude machen. Eure Äpfel, die ihr in diesen Korb legt, wollen wir weiter schenken. Wir bringen sie ins Altenheim (oder ins Krankenhaus, in ein Kinderheim ...).

Schlussgebet

Barmherziger Gott, du schenkst Leben und Freude. Deshalb können wir auch anderen diese Freude weiter schenken. Stärke uns im Geben und Teilen durch Jesus Christus, unseren Herrn. Amen.

Wir danken für die Schöpfung

Vorbereitungen

- *Erntealtar ist in der Kirche vorbereitet;*
- *Wortkarten: Tag, Nacht;*
- *großes blaues Tuch (Himmel);*
- *großes braunes Tuch (Erde);*
- *Wasserkrug, Blumen, Obst , Gemüse (bringen die Kinder mit);*
- *Sonne, Mond, Sterne aus Plakatkarton ausgeschnitten (werden an das blaue Tuch geheftet);*
- *Stofftiere;*
- *Kinder, die sich dazusetzen (Junge und Mädchen);*
- *Evangeliar;*
- *Kelch und Hostien, Tischchen neben dem Altar;*
- *Korb mit Äpfeln für alle Kinder.*

Einführung

Jetzt im Herbst ist die meiste Ernte eingebracht. Unsere Ernte sind Früchte der Erde und der menschlichen Arbeit. Wir freuen uns, dass wir so viel zu ernten haben und danken Gott dafür. Die Kirche ist heute schön geschmückt. Wir haben hier einen wunderschönen Erntealtar und feiern Erntedank.

Kyrie

(1) Herr Jesus Christus, wir sind zusammengekommen und wollen dich grüßen.
Kyrie eleison
(2) Herr Jesus Christus, mit dir wollen wir Gott, den Vater, loben und preisen.
Christe eleison
(3) Herr Jesus Christus, das größte Geschenk Gottes bist du als unser Freund.
Kyrie eleison

Tagesgebet

Guter Gott, aus dem Nichts hast du alles erschaffen. Alles, was du machst, ist wunderbar und schön. In unserer Welt dürfen wir uns wohl fühlen und uns freuen. Dein Wort lehrt uns, wie wir in dieser Welt glücklich leben können. Dafür danken wir durch Jesus Christus, unseren Herrn. Amen.

Lesung *(nach Gen 1,1-2,4a)*

(Die Schöpfung wird dargestellt. Während der Lesung bringen Kinder Gegenstände und lassen vor dem Altar die Welt „entstehen".)

Schon viele Tausend Jahre preisen die Menschen im Schöpfungslied Gott als den Schöpfer der Welt. Auch wir wollen das heute tun:

Lesung aus dem Buch Genesis

Am Anfang
schuf Gott Himmel und Erde.
Noch war die Erde öde
und ohne Leben.
Wasser bedeckte das Land
und es war überall dunkel.

Am *ersten Tag*
aber sprach Gott:
„Es werde Licht!"
Und es geschah,
wie Gott gesagt hatte:
Über der Erde wurde es ganz hell.
Und Gott sah, dass das Licht gut war.
Er nannte das Licht „Tag".
Und die Dunkelheit nannte er „Nacht".

(Wortkarte „Tag" wird links angeheftet, Wortkarte „Nacht" wird rechts ange-
heftet.)

Als es Abend wurde,
lag die Erde wieder im Dunkeln.
Der erste Tag war vorüber.

Am *zweiten Tag*
sprach Gott:
„Über der Erde soll ein Himmel sein!"
Da geschah es,
wie Gott gesagt hatte:
Ein blauer Himmel
leuchtete über der Erde.

(Blaues Tuch wird vor den Altar gehängt.)

Und weiße Wolken
zogen am Himmel dahin.
Und Gott sah,
dass es gut war,
was er gemacht hatte.
Da wurde es wieder Abend.
Der zweite Tag war vorüber.

Am *dritten Tag*
sprach Gott:
„Alles Wasser soll weichen!"
Da geschah es,
wie Gott gesagt hatte:
Das Wasser floss zusammen.
Das Land wurde trocken.

(Braunes Tuch wird vor dem „Himmel" auf den Boden gelegt.)

Und Gott nannte das Wasser „Meer".

(Kleineres blaues Tuch wird neben das braune gelegt.)

Und das Trockene nannte er „Land".
Und er ließ auf dem trockenen Land alles wachsen,
Gras, Sträucher und Bäume.

(Die Kinder werden aufgefordert, ihre mitgebrachten Sachen nach vorne zu bringen: gläsernen Wasserkrug, Blumen, Zweige, Gemüse, Obst usw. und legen es auf die Erde.)

Und Gott sah,
dass es gut war,
was er gemacht hatte.
Da wurde es wieder Abend.
Der dritte Tag war vorüber.

Am *vierten Tag*
sprach Gott:
„Lichter sollen am Himmel leuchten,
die Sonne am Tag
und der Mond und die Sterne
in der Nacht!"
Da geschah es,
wie Gott gesagt hatte:
Die Sonne ging über der Erde auf
und schien warm auf die Erde.

(Sonne wird links oben an den „Himmel" gehängt.)

Und als es Abend wurde,
stand der Mond am Himmel
und leuchtete hell,

(Mond wird rechts oben an den „Himmel" gehängt.)

und viele, viele Sterne
funkelten in der dunklen Nacht.

(Sterne werden zum Mond gehängt.)

Und Gott sah,
dass es gut war, was er gemacht hatte.
Da war der vierte Tag vorüber.

Am *fünften Tag*
sprach Gott:
„Im Wasser sollen Fische leben
und Vögel in der Luft!"
Da geschah es,
wie Gott gesagt hatte:
Das Wasser wimmelte bald von Fischen.
Und Vögel flogen in großen Schwärmen herbei.

(Kinder bringen Fische und Vögel nach vorne.)

Sie krächzten und zwitscherten
und erfüllten die Luft mit ihrem Gesang
Und Gott sah,
dass es gut war,
was er gemacht hatte:
die Fische im Wasser
und die Vögel in der Luft.
Da wurde es Abend. Der fünfte Tag war vorüber.

Am *sechsten Tag*
sprach Gott:
„Auch auf dem Land
sollen Tiere wohnen!"
Da geschah es,
wie Gott gesagt hatte:
Gott schuf Tiere,
große und kleine,
flinke und lahme,
wilde und zahme,
alles was kriecht
und was Beine hat.

(Kinder bringen Stofftiere und setzen sie auf die braune „Erde".)

Und Gott sah,
dass es gut war,
was er gemacht hatte.

Zuletzt aber schuf Gott
das Wunderbarste: den Menschen.

Gott sprach:
„Ich will Menschen machen, die mir gleichen
und über allen Tieren stehen."
Und Gott schuf den Menschen
nach seinem Bild.

(Ein Junge und ein Mädchen setzen sich auf das braune Tuch.)

Und Gott segnete ihn
und sprach:
„Alles, was ich gemacht habe,
soll für dich da sein:
die Bäume und die Früchte,
die Fische und die Vögel
und die Tiere auf dem Land.
Alles soll dir gehören
und den Menschen,
die einmal auf der Erde leben werden.
Aber du sollst mir gehören!"
Und Gott sah auf alles,
was er gemacht hatte:
Es war alles sehr gut.
Da wurde es Abend.
Der sechste Tag war vorüber.

Am *siebten Tag*
aber ruhte Gott.
Und Gott segnete diesen Tag und sprach:
Dieser Tag soll mein Tag sein.
Alle Arbeit soll ruhen
an diesem Tag."

(Ministranten bringen Lektionar und tragen Brot und Wein von hinten auf ein Tischchen neben dem Altar.)

So wurden Himmel und Erde geschaffen
durch Gott, den Herrn.
Alles, was in dieser Welt ist, kommt von ihm.

Evangelium *(Lk 12,22-24)*

Im Evangelium erzählt Jesus uns, wie Gott für Pflanzen, Menschen und Tiere sorgt:

Aus dem heiligen Evangelium nach Lukas

Jesu sagte zu seinen Jüngern:
Sorgt euch nicht um euer Leben und darum, dass ihr etwas zu essen habt, noch um eueren Leib und darum, dass ihr etwas anzuziehen habt! Das Leben ist wichtiger als die Nahrung und der Leib wichtiger als die Kleidung.
Seht auf die Raben: Sie säen nicht und ernten nicht, sie haben keinen Speicher und keine Scheune; denn Gott nährt sie.
Wie viel mehr seid ihr wert als die Vögel!

Predigtteil

Immer wieder wollte Jesus zeigen, wie gut Gott zu den Menschen ist. Auch im heutigen Evangelium sagt uns Jesus: Gott schenkt uns alles, was wir zum Leben brauchen. Wir brauchen keine Angst zu haben und uns nicht zu sorgen. Gott hat alles gut geschaffen und er wird immer für uns sorgen.

Dank statt Fürbitten

(Kinder kommen nach vorne, nehmen einen passenden Gegenstand aus dem aufgebauten Bild und sprechen den Dank:)

Guter Gott, du hast alles wunderbar geschaffen. Wir wollen dir nun danken.

(1) Lieber Gott, du schenkst uns Tag und Nacht.
Wir danken dir für die Zeit, wenn wir wach sind.
Wir danken dir für die Zeit, wenn wir schlafen.

(2) Lieber Gott, du hast uns den Himmel und die Erde geschenkt.
Wir danken dir für die Luft
und für den festen Boden unter unseren Füßen.

(3) Lieber Gott, du schenkst uns das Wasser und das Land mit den vielen Pflanzen.
Wir danken die für das gute Wasser zum Trinken und zum Waschen
und für alle Pflanzen, die auf der Erde wachsen und Früchte tragen.

(4) Lieber Gott, du schenkst uns Sonne, Mond und Sterne.
Wir danken dir für das große Weltall, in dem wir leben dürfen.
(5) Lieber Gott, du schenkst uns die Tiere.
Wir danken dir für die Fische und Vögel und für die Tiere auf dem Land.
(6) Lieber Gott, du hast den Menschen nach deinem Bild geschaffen.
Du hast ihm die ganze Welt geschenkt.
Wir danken dir für deine große Liebe.
(7) Lieber Gott, du hast uns den Sonntag geschenkt.
Wir danken dir für Ruhe und Erholung. Der Sonntag ist *dein* Tag.

Für all das danken wir dir durch Jesus Christus, unseren Herrn. Amen.

Gabengebet

Gütiger Gott, wir danken dir für die Schöpfung. Du hast alles so wunderbar gemacht. Jedes Jahr beschenkst du uns mit deiner reichen Ernte. Wir haben mehr als genug zu essen. Wir bringen dir heute die Ernte dieses Jahres. Brot und Wein wirst du verwandeln zu Leib und Blut deines Sohnes, Jesus Christus, der mit dir lebt und herrscht in alle Ewigkeit. Amen.

Schlussgebet

Guter Gott, Schöpfer des Himmels und der Erde, du hast uns diese Welt anvertraut. Wir freuen uns an ihr und nehmen deine Gaben mit Dank an. Dein Geschenk ist aber auch eine Aufgabe. Wir wollen auf die Welt aufpassen und sie schützen. Wir wollen deine Gaben mit anderen teilen. Hilf uns dabei durch Jesus Christus, unseren Herrn.

KIRCHWEIH

Ein Haus aus lebendigen Steinen

Vorbereitungen

- *große Bausteine, aus denen eine Kirche gebaut werden kann; (dazu eignen sich entweder Ziegelsteine, Ytongsteine oder große Spielsteine aus Styropor bzw. Plastik.)*
- *Dach aus roter Pappe für Kirche und Turm;*
- *Aufkleber und Stifte;*
- *an der Kirchentüre bekommt jedes Kind einen Baustein, auf den es einen Aufkleber mit seinem Namen klebt;*
- *evtl. Dia vom Bau der Kirche;*
- *evtl. Dia von der Weihe der Kirche;*
- *Lied: Gott baut ein Haus, das lebt (im Anhang S. 187)*

Einführung

Liebe Kinder, liebe Christen, wir feiern heute ein Fest, das Kirchweihfest. Am Kirchweihfest erinnern wir uns daran, wie unsere Kirche gebaut und eingeweiht wurde.
(Evtl. Dia vom Kirchenbau zeigen.)
Vor vielen Jahren haben die Leute begonnen, unsere Kirche zu bauen. (Wir haben ein Foto vom Bau mitgebracht, das wir euch zeigen.) Viele Menschen haben geholfen, die Kirche zu bauen. Aus vielen Steinen wurde sie zu dieser großen Kirche zusammengebaut. 1965 wurde sie vom Bischof geweiht. *(Evtl. Bild)* Seitdem treffen sich die Christen in dieser Kirche, um Gott zu loben.
Wir sind froh, dass wir eine Kirche haben, in der wir uns treffen können, um miteinander zu feiern, zu beten und zu singen. Wir freuen uns, dass

wir hier in der Kirche Gott ganz nahe sein können. Und es ist schön, dass unsere Kirche alle Menschen, die sie sehen, an Gott erinnert.

Kyrie

(1) Herr Jesus Christus, wir grüßen dich in deiner Kirche.
Kyrie eleison.
(2) Herr Jesus Christus, wir feiern miteinander in deiner Kirche.
Christe eleison.
(3) Herr Jesus Christus, wir freuen uns, dass du bei uns bist.
Kyrie eleison.

Der Herr erbarme sich unser, er nehme von uns Sünde und Schuld, damit wir mit reinen Herzen diese Feier begehen. Amen.

Tagesgebet

Guter Gott, in deinem Haus sind wir zusammengekommen, um dir zu danken. Viele Menschen haben geholfen, diese Kirche zu bauen. Seit vielen Jahren können wir uns hier treffen und dein Wort hören. Du bist uns nahe in deinem Haus. Wir loben und preisen dich durch Jesus Christus, unseren Herrn. Amen.

Lesung *(nach 1 Petr 2,1-5a „Gute Nachricht")*

Lesung aus dem Brief des Apostels Petrus

Brüder und Schwestern!
Macht Schluss mit allem, was unrecht ist.
Hört auf zu lügen und euch zu verstellen,
andere zu beneiden oder schlecht über sie zu reden.
Das Wort Gottes hilft euch.
Denn ihr habt erfahren, wie gütig der Herr ist.
Kommt zu ihm!
Er ist der lebendige Stein,
den die Menschen als unbrauchbar weggeworfen haben.
Aber für Gott ist er der wertvollste Stein.
Lasst euch selbst als lebendige Steine zu einem geistigen Haus aufbauen.

Nach der Lesung

Sprecher:

„Lasst euch selbst als lebendige Steine zu einem geistigen Haus aufbauen", zu einem lebendigen Haus. Das haben wir soeben gehört. Du hast einen Baustein bekommen. Dein Name steht darauf. Du sollst dieser Baustein sein. Nun darfst du kommen und wir bauen aus all den Steinen da vorne eine Kirche.

(Kinder kommen nach vorne und bauen eine Kirche aus ihren Bausteinen, während des Bauens Orgelspiel, wenn die Kirche fast fertig ist, stimmt die Gemeinde den Zwischengesang an.)

Lied: *Gott baut ein Haus, das lebt (s. Anhang S. 187)*

Evangelium *(Lk 19,1-10)*

Predigtteil

(Sprecher steht neben der Baustein-Kirche:)
Liebe Kinder, liebe Christen, Kirche ist nicht nur der Name für das Haus, in dem wir jetzt sind, Kirche ist auch der Name für unsere Gemeinschaft aus lebendigen Steinen. Wir alle gehören dazu und noch viele, viele Menschen überall auf der Welt. Christsein heißt Baustein dieser Kirche zu sein. Auf jeden Stein in diesem Bau kommt es an, denn erst viele verschiedene Steine miteinander ergeben ein ganzes Haus. Wenn ich einen Stein aus der Mauer nehmen würde, würde etwas wichtiges fehlen. Deshalb ist jeder Stein an seinem Platz wichtig. Wir sind miteinander verbunden und halten zusammen, damit die Kirche nicht zusammenstürzt. Jesus will uns in dieser Kirche haben so wie er Zachäus haben will.
Jesus will jeden Menschen in seiner Kirche haben:
Große und Kleine,
Reiche und Arme,
Starke und Schwache,
Bekannte und Fremde,
Gute und Böse.
Er hat ja auch Zachäus zu seinem Freund gemacht. Das hätte wohl niemand gedacht, dass Jesus einen Zöllner zum Freund nimmt. So dürfen auch wir dabei sein, wenn Gott alle Menschen einlädt. Und Gott schaut auf uns voll Liebe.

Fürbitten

Guter Gott, wir dürfen in deiner Kirche lebendige Steine sein. Durch die Sakramente werden die Menschen deiner Kirche gestärkt.

(1) Wir beten für alle Menschen, die in unserer Kirche getauft wurden.
Lass sie lebendige Steine sein.
Alle: Lass sie lebendige Steine sein.

(2) Wir beten für alle Menschen, die in unserer Kirche schon gebeichtet haben.
Lass sie lebendige Steine sein.

(3) Wir beten für alle Menschen, die sich am Sonntag in unserer Kirche zur Eucharistiefeier versammeln.
Lass sie lebendige Steine sein.

(4) Wir beten für alle Menschen, die in unserer Kirche gefirmt wurden.
Lass sie lebendige Steine sein.

(5) Wir beten für alle Menschen, die in unserer Kirche geheiratet haben.
Lass sie lebendige Steine sein.

(6) Wir beten für alle Menschen, die in unserer Kirche die Krankensalbung empfangen haben.
Lass sie lebendige Steine sein.

(7) Wir beten für alle Priester, die in unserer Kirche gewirkt haben.
Lass sie lebendige Steine sein.

Guter Gott, du hältst alle Menschen zusammen. Du schenkst Vertrauen. Bei dir dürfen wir uns wohl fühlen durch Jesus Christus, unseren Herrn. Amen.

Gabengebet

Lieber Gott, in deiner Kirche dürfen wir immer wieder feiern. Im Singen und Beten spüren wir: Wir gehören zusammen. Wir sind eine Kirche aus lebendigen Steinen. Wir bringen Brot und Wein und bitten dich: Heilige sie durch Jesus Christus, unseren Herrn. Amen.

Schlussgebet

Gütiger Gott, in deinem Haus dürfen wir lebendige Kirche sein. Wir gehören zusammen und jeder von uns ist besonders wichtig. Dein Wort macht uns froh, dein Brot macht uns stark. So können wir in dieser Welt immer wieder Gutes tun durch Jesus Christus, unseren Herrn. Amen.

WELTMISSIONSSONNTAG

Ein Bündel Stäbe

Vorbereitung

- *Einige Kinder aus anderen Ländern stellen sich vor.*
- *Ein Bündel Holzstäbe;*
- *Globus;*
- *Korb mit Lebensmitteln;*
- *gläserner Krug mit Wasser;*
- *Kerze;*
- *Lied: Gott hat sie alle lieb (s. Anhang S. 188 f.);*
- *Kehrvers: Siehe wir kommen (s. Anhang S. 189).*

Einführung

Heute haben wir zum Weltmissionstag besondere Freunde eingeladen, Kinder aus verschiedenen Ländern.
(Den jeweiligen Möglichkeiten entsprechend ändern; Kinder können auch gespielt werden.)

- Das ist *Nezrina*
  (Sie begrüßt in ihrer Sprache und sagt:)
  Ich komme aus Bosnien; so begrüßen wir uns in unserem Land.
- Das sind *Amandip und Kamalvir* aus Indien
  (Amandip begrüßt in ihrer Sprache und sagt:)
  Ich komme aus Indien und so begrüßt man sich in Indien.
- Das ist *Landu* aus Afrika
  (Landu begrüßt in seiner Sprache und sagt:)
  Ich komme aus Afrika und so begrüßt man sich in meinem Land.
- Das ist *Nai-Ming* aus China
  Huanying, huanying. Ich spiele ein Kind aus China und so begrüßt man sich in China.
- Das ist *Navsak* aus Grönland, ein Eskimo
  Ti kis lu a rit si. Ich spiele einen Eskimo und so begrüßt man sich in Grönland.

- Das ist NN. aus Bayern
  Grüß Gott. Ich freue mich, dass ich hier bin.

Wir freuen uns, dass ihr hier seid. Wir wollen in diesem Gottesdienst feiern, dass wir zusammengehören und Freunde in vielen Ländern haben.

Schuldbekenntnis

Bevor wir beginnen, bekennen wir, dass wir nicht immer gut zueinander waren und auch Fehler gemacht haben:

(1) Oft streiten wir miteinander in Familie, Kindergarten und Schule.
    Herr erbarme dich!
(2) Oft denken wir schlecht über Ausländer.
    Christus erbarme dich!
(3) Oft vergessen wir zu beten und zu danken.
    Herr erbarme dich!

Der allmächtige Gott erbarme sich unser, er verzeihe uns unsere Schuld und schenke uns ewiges Leben.

Tagesgebet

Guter Vater, du hast alle Menschen nach deinem Ebenbild erschaffen. Wir sind alle deine Kinder. Auf der ganzen Welt feiern Christen heute den heiligen Sonntag. Sie loben dich und danken dir durch Jesus Christus, deinen Sohn, unsern Herrn und Gott, der in der Einheit des Heiligen Geistes mit dir lebt und wirkt in Ewigkeit. Amen.

Lesung *(Gal 3,26-29)*

Lesung aus dem Brief des Apostels Paulus an die Galater

Ihr seid also durch den Glauben Söhne (Kinder) Gottes in Christus Jesus.
Denn ihr alle, die ihr auf Christus getauft seid,
habt (gleichsam) Christus als Gewand angelegt.
Es gibt nicht mehr Juden und Griechen,
nicht Sklaven und Freie,
nicht Mann und Frau;
denn ihr alle seid „einer" in Christus Jesus.
Wenn ihr aber zu Christus gehört,

dann seid ihr Abrahams Nachkommen,
Erben kraft der Verheißung (und bekommt, was Gott ihm versprochen
hat).

Evangelium *(Mt 28,16-28)*

Aus dem heiligen Evangelium nach Matthäus.

Die elf Jünger gingen nach Galiläa
und stiegen auf den Berg, den Jesus ihnen genannt hatte.
Als sie Jesus sahen, fielen sie vor ihm nieder,
obwohl einige zweifelten.
Jesus trat auf sie zu und sagte:
Gott hat mir die Macht über Himmel und Erde gegeben.
Geht nun zu allen Völkern der Welt
und bringt ihnen die Frohe Botschaft.
Macht die Menschen zu meinen Jüngern.
Tauft sie im Namen des Vaters und des Sohnes und des Heiligen Geistes.
Lehrt sie, alles zu befolgen, was ich euch aufgetragen habe.
Und denkt daran:
Ich bin immer bei euch, jeden Tag, bis zum Ende der Welt.

Predigtteil

Heute will ich euch etwas Wichtiges zeigen: Ich habe hier ein Bündel
Stäbe. Wer von euch kann dieses Bündel brechen?
(Kinder versuchen vergebens, das Bündel zu brechen.)
Auch ich kann es nicht. Niemand kann es. Aber ich zeige euch, wie es mir
trotzdem gelingt, das Bündel zu brechen:
(Zieht einen Stab heraus und bricht ihn.)
So könnte ich es jetzt mit allen Stäben machen. Dann wäre zum Schluss
das ganze Bündel gebrochen. Wenn ich das Bündel auseinandernehme,
dann kann ich die einzelnen Stäbe brechen. Wenn die Stäbe beisammen
sind, kann ich sie nicht brechen.
So ist es auch mit den Menschen.
– Wenn sie zusammenhalten, dann sind sie stark.
– Wenn sie Freunde sind, kann ihnen niemand etwas anhaben.
– Miteinander kann nichts brechen.
Daran wollen wir heute denken, wenn wir Weltmissionssonntag feiern.
Heute feiern wir, dass alle Christen auf der Welt zusammengehören. Die

Christen leben in verschiedenen, weit auseinander liegenden Ländern. Selbst wenn sie nicht einmal voneinander wissen, können sie trotzdem zusammenhalten. Durch Jesus Christus kann das gelingen. Sein Geist hält uns zusammen. Und wir spüren das durch Beten und Teilen. Amen.

Gaben-Prozession mit Fürbittgedanken

(1) *Globus:*
Wir bringen dir diese Weltkugel,
Zeichen für den heutigen Sonntag der Weltmission.
Wir Christen dieser Welt gehören zusammen.
Alle singen: Siehe, wir kommen, kommen mit Freuden *(s. S. 189)*

(2) *Korb mit Lebensmitteln (Brot, Reis, Milch):*
Wir bringen dir diesen Korb mit Lebensmitteln,
Zeichen für unsere Bereitschaft zu teilen.

(3) *Glaskrug mit Wasser:*
Wir bringen dir dieses Wasser, Zeichen für ein wertvolles Gut.
Wir denken an die Millionen von Menschen, die nicht genug Wasser haben.

(4) *Kerze:*
Wir bringen dir diese brennende Kerze.
Zeichen dafür, dass wir dein Licht weitertragen dürfen zu allen Menschen, denen es schlecht geht und in deren Herzen es dunkel ist.

(5) *Stäbe:*
Wir bringen dir diese Stäbe,
ein Zeichen dafür, dass wir alle zusammenhalten wollen.

(6) *Hostienschale und Kelch:*
Wir bringen Brot und Wein,
Zeichen der Gemeinschaft mit Jesus Christus.

Gabengebet

Guter Gott, wir stehen vor deinem Altar und freuen uns, dass wir beisammen sind. Durch dich sind wir mit allen Christen dieser Welt verbunden. Wir loben und preisen dich in alle Ewigkeit. Amen.

Schlussgebet

Lieber Gott, du hältst die ganze Welt in deiner Hand. So dürfen wir jeden Sonntag deine Freundschaft feiern. Nun schickst du uns in die Welt, damit wir deine Liebe weitergeben. Sei uns jeden Tag nahe durch Jesus Christus, unsern Herrn. Amen.

ADVENT UND WEIHNACHTEN

Die folgenden Advents- und Weihnachtsgottesdienste sind im Grunde so konzipiert, dass jeder als Advents- bzw. Weihnachtsgottesdienst vor den Weihnachtsferien gefeiert werden kann. Die vier jeweils darin enthaltenen Symbole (Kerze, Nüsse, Kugel, Stern) bilden für sich eine Einheit, da es sich um Gegenstände handelt, die man an einen Adventskranz (bzw. Christbaum) hängen kann. So versteht sich, dass sich mit kleinen textlichen Veränderungen ein Adventsprojekt für Schule und Gemeindegottesdienst planen lässt. Ebenso können die Texte für wöchentliche Adventsfeiern im Klassen- oder Schulverband genutzt werden.

Bei Andachten und Wortgottesdiensten sollte auf das Evangelium verzichtet werden. Findet das Projekt im sonntäglichen Gemeindegottesdienst Verwendung, muss ohnehin das Evangelium des jeweiligen Adventssonntages vorgelesen werden.

Eine Kerze bringt Licht in die Welt

Vorbereitung

- *einige große Adventskerzen;*
- *Sprechszene;*
- *Lied: Meine kleine Kerze (s. Anhang S. 191 f.);*
- *Lied: Tragt in die Welt nun ein Licht (s. Anhang S. 193).*

Einführung

Liebe Kinder, liebe Christen wir haben uns versammelt, weil wir miteinander feiern wollen in der Vorfreude auf das Weihnachtsfest. Advent und Weihnachten heißt: Gott ist uns nahe. Damit wir das spüren können, habe ich etwas mitgebracht. Ihr alle wisst, was ich hier in der Hand habe. (*Kinder: Eine Kerze.*)
Ja. Und gerade in dieser Adventszeit ist unser ganzer Ort von vielen Hundert Kerzenlichtern erfüllt. Wenn es Nacht wird, leuchten viele Kerzen und wollen uns Menschen eine Botschaft bringen. Wenn die Kerze sprechen könnte, dann würde sie euch vielleicht folgendes sagen:

Meditation

(Ein Kind nimmt die Adventskerze aus der Hand des Sprechers, zündet sie an einer Altarkerze an und spricht folgenden Text:)
Lange Zeit war ich in einem dunklen Karton.
Lange Zeit habe ich im Kerzengeschäft zwischen den vielen Kerzen gestanden.
Lange Zeit habe ich warten müssen bis mich ein Kind entdeckt hat und zu seiner Mutter sagte: „Mutti, die gefällt mir, die soll auf unserem Adventskranz leuchten."
Nun ist es endlich so weit. Ich finde meinen Platz. Endlich darf ich leuchten, wo es dunkel ist. Ich kann wärmen, wo es kalt ist. Ich bin voller Leben und die Menschen freuen sich. Das alles kann ich, obwohl ich so klein bin.

Lied: Meine kleine Kerze *(s. Anhang S. 191 f.)*

Tagesgebet

Lieber Gott, du kommst zu uns wie das Licht in der Dunkelheit. Du vertreibst alle Angst und bringst eine frohe Botschaft. Öffne unser Herz mit deinem Wort, damit es in uns hell wird, durch Jesus Christus, unseren Herrn. Amen.

Evangeliumsprozession

(Eine Bibel wird feierlich in Begleitung von zwei Leuchtern zu einem geeigneten Platz zum Vortrag getragen.)

Evangelium *(Lk 2,8–14)*

Aus dem heiligen Evangelium nach Lukas

In jener Gegend lagerten Hirten auf freiem Feld und hielten Nachtwache bei ihrer Herde. Da trat der Engel des Herrn zu ihnen, und der Glanz des Herrn umstrahlte sie. Sie fürchteten sich sehr, der Engel aber sagte zu ihnen: Fürchtet euch nicht, denn ich verkünde euch eine große Freude, die dem ganzen Volk zuteil werden soll: Heute ist euch in der Stadt Davids der Retter geboren; er ist der Messias, der Herr. Und das soll euch als Zeichen dienen: Ihr werdet ein Kind finden, das, in Windeln gewickelt, in einer Krippe liegt. Und plötzlich war bei dem Engel ein großes himmlisches Heer, das Gott lobte und sprach: Verherrlicht ist Gott in der Höhe, und auf Erden ist Friede bei den Menschen seiner Gnade.

Predigtteil

So eine Kerze ist immer wieder etwas Faszinierendes. Wir schauen alle so gerne in das flackernde Flammenlicht und können dabei ganz ruhig werden.

Wir können aber auch etwas damit tun und können das Kerzenlicht weitergeben oder teilen.

(Kind zündet eine mitgebrachte Kerze an der Meditationskerze an.)

Das ist etwas Wunderbares, etwas Besonderes, das wir an der Kerzenflamme sehen können: Wenn ich sie weitergebe, also teile, dann wird sie nicht weniger, sondern mehr. Jetzt haben wir zwei Lichter.

Das ist etwas Wunderbares, etwas Besonderes. Denn wenn wir ein Stück Brot teilen, dann hat jeder ein halbes Brot. Wenn wir aber diese Kerzenflamme teilen, dann wird sie immer mehr. Wir wollen einmal sehen, ob es das in unserer Welt öfter gibt.

(Kinder kommen und sprechen:)

(1) Ich habe mich mit Jörg furchtbar gestritten. Wir haben uns böse Worte zugerufen. Eine ganze Woche haben wir nicht mehr miteinander geredet. Das war schlimm. Doch heute ist Jörg gekommen und hat gesagt: Sei wieder gut. Und es war, als ob ein Licht angezündet würde.

(Eine Kerze wird angezündet.)

(2) Unsere Nachbarin ist ins Altenheim gekommen. Dort ist sie einsam und allein. Und krank ist sie auch. Sie kann ihr Zimmer nicht verlassen. Gestern habe ich sie mit meiner Mutti besucht. Sie hat gesagt: Heute geht es mir gut. Ich bin so froh, dass ich nicht allein bin. Heute habe ich in meiner Einsamkeit wieder ein Licht gesehen.

(Eine Kerze wird angezündet.)

(3) Anka ist noch nicht lange in Deutschland. Sie kommt aus der Türkei. In der Schule sitzt sie ganz alleine, weil sie fast nicht Deutsch spricht. Jeden Tag hat sie ihre Aufgaben falsch. Aber letztes Mal haben wir zusammen die Hausaufgabe gemacht. Anschließend haben wir noch ein bisschen gespielt. Da haben ihre Augen gestrahlt wie ein Licht, als der Lehrer sie wegen der Hausaufgabe gelobt hat.

(Eine Kerze wird angezündet.)

Sprecher:
Jetzt haben wir drei Beispiele gehört. Menschen schenken Liebe und es wird immer mehr: mehr Liebe, mehr Licht.

Lied: Tragt in die Welt nun ein Licht *(s. Anhang S. 193)*

(Die drei Kinder tragen ihr Licht zu den Lehrern; diese zünden eine neue Kerze an.)

Fürbitten

Guter Gott, es gibt so viele Menschen, die im Dunkeln sitzen und auf ein Licht warten. Für sie wollen wir beten:

(1) Wir tragen ein Licht zu allen einsamen Menschen. Sie wünschen sich Freunde. Herr, schenke ihnen dein Licht.
Alle: Herr, schenke ihnen dein Licht!

(2) Wir tragen ein Licht zu allen traurigen Menschen. Sie wünschen sich Freude.
Herr, schenke ihnen dein Licht.

(3) Wir tragen ein Licht zu allen kranken Menschen. Sie möchten gesund werden.
Herr, schenke ihnen dein Licht.

(4) Wir tragen ein Licht zu allen, die gestritten haben. Sie brauchen Frieden und Versöhnung.
Herr, schenke ihnen dein Licht.

(5) Wir tragen ein Licht zu unseren Verstorbenen. Herr, schenke ihnen dein Licht.

Du, o Gott, willst allen Menschen dieser Welt dein Licht schenken. Dafür danken wir durch Christus, unsern Herrn. Amen.

Gabengebet

Lieber Gott, von dir kommt alles Gute. Du gibst, was wir zum Leben brauchen. Du machst unser Leben hell. Nimm unsere Gaben an durch Jesus Christus, unseren Herrn. Amen.

Vor dem Schlussgebet

Alle Lehrerinnen und Lehrer haben nun ein Licht aus dem Gottesdienst bekommen und werden es in euer Klassenzimmer mitnehmen. Dieses Licht soll euer Arbeiten im Klassenzimmer hell machen. Vielleicht denkt ihr in eurer Klasse noch einmal nach, wie ihr das Licht in die Welt tragen könnt, damit sie ein Stück heller wird.

Schlussgebet

Guter Gott, dein Wort macht unser Leben hell. Wir wollen uns aufmachen und dein Licht in die Welt hinaustragen. Hilf uns dabei durch Jesus Christus, unseren Herrn. Amen.

Im Gewöhnlichen liegt Wertvolles

Vorbereitung

- *Walnüsse*
- *Folie oder Dia von einer Walnuss*
- *Tageslicht- oder Diaprojektor*
- *Foto: Jesuskind in der Nussschale (Weihnachtsdekoration)*

Einführung

Heute feiern wir alle miteinander Gottesdienst, weil wir vor einem großen Fest stehen. Das Weihnachtsfest, auf das sich schon alle Kinder freuen, sagt uns: Gott ist uns nahe. Wir können Gott immer wieder neu entdecken und – wenn wir wachsam sind – gerade in den kleinen Dingen, in denen er nie vermutet wird. Hier in meiner Hand halte ich gerade etwas ganz besonderes. Es ist so klein, dass ich es in meiner Hand verstecken kann. Wenn ich meine Hand aufmache, erkennt ihr sicher alle, was darin ist *(Nuss)*. An so einer gewöhnlichen Nuss können wir vieles entdecken. Darüber wollen wir heute noch mehr hören und nachdenken.

Kyrie

(1) Herr Jesus Christus, als Mensch bist du uns nahe.
Kyrie eleison.
(2) Herr Jesus Christus, du sorgst, dass es uns gut geht.
Christe eleison.
(3) Herr Jesus Christus, du zeigst uns, was wichtig ist.
Kyrie eleison.

Tagesgebet

Guter Gott, Schöpfer des Lebens, die ganze Welt zeigt deine große Liebe zu uns Menschen. In den Bergen und Meeren zeigst du uns deine Macht und auch in kleinen Dingen können wir deine Liebe und Sorgfalt entdecken. Wir loben und preisen dich durch Jesus Christus, unseren Herrn. Amen.

Nussmeditation *(statt der Lesung)*

(Besinnliche Hintergrundmusik mit meditativ gesprochenem Text; eine Walnuss mit Jesuskind ist am Tageslichtprojektor oder Diaprojektor zu sehen:)

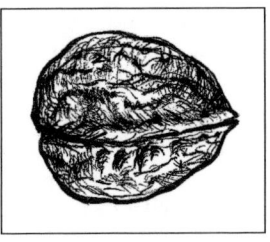

In dieser Adventszeit sehe ich viele Nüsse:
im Geschäft,
im Körbchen auf dem Tisch,
manche sogar auf Adventskränzen und an Christbäumen.
Ich halte sie in meiner Hand.
Diese Nuss ist nichts Besonderes,
es gibt so viele davon.
Sie hat auch noch braune Flecken.
Diese Nuss ist hart, braun und schwer zu knacken.
Wenn ich sie aber öffne,
kann ich immer wieder etwas Schönes entdecken.
Denn innen ist der gute Kern.
Der schmeckt mir gut.
Hinter der harten und unauffälligen Schale
verbirgt sich etwas Kostbares und Gutes.
Eine Nuss knacken bedeutet:
Gutes im Verborgenen entdecken.

Evangelium *(Lk 2, 1-14)*

Predigtteil

Wir haben heute wieder die berühmte Geschichte von den Hirten auf dem Felde gehört, eine Geschichte, die immer wieder erzählt wird, weil sie ein großes Wunder zeigt. Die Hirten erfahren dieses Wunder als Erste.

Jesus ist in einem kleinen Ort in einem einfachen Stall als kleines Kind zur Welt gekommen, das die ganze Menschheit rettet. Man könnte ja glauben, dass der Sohn Gottes in einem Schloss zur Welt kommt und alle Könige der Welt zur Begrüßung anreisen.

Vielleicht könnt ihr euch jetzt denken, warum ich heute diese Nuss mitgebracht habe. Die kleine und unscheinbare Nuss verbirgt auch etwas Überraschendes: Hinter dieser harten, braunen und gewöhnlichen Nuss-

schale verbirgt sich eine kostbare Frucht.
So eine Nuss kann mich an das Wunder in
Betlehem erinnern.
In das Gewöhnliche und Alltägliche legt
Gott das Besondere. So können wir immer
wieder in kleinen und unscheinbaren Din-
gen die Liebe Gottes entdecken.
Das ist doch wunderbar. Da halten wir so oft
eine Nuss in der Hand und merken jetzt,
was das für ein Wunder ist. An der Nuss können wir das Wunder der
Liebe Gottes entdecken.
Weil uns die Nüsse an Gott erinnern, wollen wir einen Berg Nüsse vor
den Altar legen.

Gabengebet

Guter Gott, wir bringen Brot und Wein. Essen und Trinken brauchen wir
jeden Tag. Du aber verwandelst unsere Gaben zu den kostbaren Zeichen
deiner Nähe. Dafür danken wir durch Jesus Christus, unseren Herrn.
Amen.

Schlussgebet

Guter Gott, immer wieder lässt du uns deine Nähe spüren. Wir dürfen
die großen und kleinen Wunder deiner Schöpfung entdecken. Das Fest
der Geburt deines Sohnes gibt uns Kraft und Mut. Dafür danken wir
durch Jesus Christus, unseren Herrn. Amen.

Was uns Sterne zeigen

Vorbereitung

- *Alle Kinder werden gebeten, einen Stern auszuschneiden oder zu basteln.*
- *Diese Sterne sind in der Kirche (z. B. an Tafeln und Plakaten) aufgehängt.*
- *Großer Stern, den man zu einem Puzzle zusammensetzen kann, (s. S. 70)*
- *Lied: Stern über Betlehem (s. Anhang S. 192)*

Einführung

Liebe Kinder, ihr habt so schöne Sterne gebastelt. In dieser Zeit (der Advents- und Weihnachtszeit) begegnen uns überall viele Sterne. In diesem Gottesdienst wollen wir uns auf das Weihnachtsfest einstimmen und uns Gedanken über Sterne in der Weihnachtszeit machen. Sie können uns nämlich etwas über Jesus sagen.

Kyrie

(Drei Kinder kommen mit einem Stern und sprechend das Kyrie:)

(1) Sterne leuchten in der Nacht.
   Jesus, du bist für uns das Licht der Welt.
(2) Sterne zeigen den Menschen den rechten Weg.
   Jesus, du bist für uns der Weg zum Leben.
(3) Sterne bringen den Menschen Freude.
   Jesus, du schenkst uns die frohe Botschaft.

Meditation

Wenn es am Himmel keine Wolken gibt, können wir viele kleine Sterne entdecken. Es gibt Menschen, die dann gerne zum Himmel hinauf sehen und sich Gedanken machen über die Größe des Universums. Einer möchte uns davon erzählen.

Erzähler:
In der Nacht sehe ich gerne in den Himmel und beginne zu träumen. Wie groß und wie weit ist der Himmel über mir! So viele Sterne leuchten und machen die Nacht hell! Wer könnte sie zählen?
Sie erzählen von der Größe Gottes. Am liebsten würde ich manchmal so einen Stern vom Himmel holen und einem Menschen schenken, den ich mag.
Gott schenkt uns mit Jesus einen Stern, der uns von Gottes Himmelreich erzählt.

Lied: Stern über Betlehem *(s. Anhang S. 192)*

Tagesgebet

Großer Gott, du hast für uns die Welt geschaffen, den Himmel und die Erde. Am Tag leuchtet die Sonne, in der Nacht der Mond und die Sterne. Du behütest uns alle Zeit und begleitest uns auf unserem Weg. Dafür danken wir durch Jesus Christus, unseren Herrn. Amen.

Evangelium *(Mt 2,1-12)*

Aus dem heiligen Evangelium nach Matthäus

Als Jesus zur Zeit des Königs Herodes in Betlehem in Judäa geboren worden war, kamen Sterndeuter aus dem Osten nach Jerusalem und fragten: Wo ist der neugeborene König der Juden? Wir haben seinen Stern aufgehen sehen und sind gekommen, um ihm zu huldigen.
(Als König Herodes das hörte, erschrak er und mit ihm ganz Jerusalem. Er ließ alle Hohenpriester und Schriftgelehrten des Volkes zusammenkommen und erkundigte sich bei ihnen, wo der Messias geboren werden solle. Sie antworteten ihm: In Betlehem in Judäa.)
Danach rief Herodes die Sterndeuter heimlich zu sich und ließ sich von ihnen genau sagen, wann der Stern erschienen war. Dann schickte er sie nach Betlehem und sagte: Geht und forscht sorgfältig nach, wo das Kind ist; und wenn ihr es gefunden habt, berichtet mir, damit auch ich hingehe und ihm huldige.
Nach diesen Worten des Königs machten sie sich auf den Weg. Und der Stern, den sie hatten aufgehen sehen, zog vor ihnen her bis zu dem Ort, wo das Kind war; dort blieb er stehen.
Als sie den Stern sahen, wurden sie von sehr großer Freude erfüllt.
Sie gingen in das Haus und sahen das Kind und Maria, seine Mutter; da fielen sie nieder und huldigten ihm. Dann holten sie ihre Schätze hervor und brachten ihm Gold, Weihrauch und Myrrhe als Gaben dar.
(Weil ihnen aber im Traum geboten wurde, nicht zu Herodes zurückzukehren, zogen sie auf einem anderen Weg heim in ihr Land.)

Predigtteil

Wir haben gehört, dass ein Stern bei der Geburt Jesus wichtig ist. Sterne zeigen nicht nur den Weisen den Weg. Sterne zeigen, dass mit Jesus ein Stück vom Himmel auf die Erde kommt.
Wenn wir auf das Leben Jesus blicken, können wir entdecken, was das bedeutet. Wir wollen euch Menschen aus der Zeit Jesu vorstellen. Wir kennen sie aus der Bibel. Diese Menschen haben ein Stück Himmel erfahren, weil sie Jesus begegnet sind.

(Kinder haben ein Teil des großen Sterns in der Hand. Wenn sie gesprochen haben, setzen sie den Stern zusammen. Am Ende wird in der Mitte des Sterns das Wort Liebe sichtbar.)

(1) Mein Name ist Maria. Ich habe meinen Bruder Lazarus verloren. Da kam Jesus und hat mich getröstet. Für mich ist Jesus ein Stern, der *Freude* bringt.

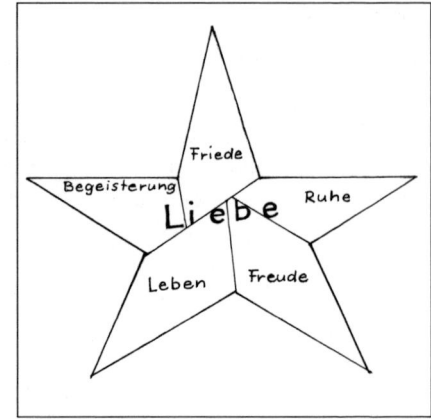

(2) Ich bin der Apostel Paulus. Zuerst habe ich die Christen nicht leiden können. Aber Jesus hat mich froh gemacht und mir Kraft gegeben. Ich bin in viele Länder gefahren, um den Menschen von ihm zu erzählen. Die Botschaft Jesu gab mir Kraft und Mut. Für mich ist Jesus ein Stern, der *Begeisterung* bringt.

(3) Ich bin Maria Magdalena. Ich wusste nicht, wie ich leben soll. Ich war unglücklich und hin- und hergerissen. Jesus hat mir gezeigt, was wichtig ist im Leben. Bei ihm konnte ich *Ruhe* finden.

(4) Ich war ein Gelähmter am Teich Betseda. Ich hatte keine Kraft und keinen Willen mehr zum Leben. Jesus sagte: „Nimm dein Bahre und gehe." Da hat mein Leben neu begonnen. Für mich ist Jesus ein Stern, der *Leben* bringt.

(5) Auch ich bin ein Jünger Jesu. Ich habe es selbst erlebt, als Jesus bei seinem Abschied sagte: „Meinen Frieden gebe ich euch." Und ich habe viele Menschen erlebt, die sich mit ihren Feinden versöhnt haben. Jesus ist ein Stern, der *Frieden* bringt.

Sprecher:
Die ersten Christen haben wohl die Botschaft Jesu in ähnlichen Worten verkündet. Diese Menschen haben gespürt, dass mit der Geburt Jesu etwas Großes geschehen ist: Mit Jesu Geburt zeigt sich die Liebe Gottes. *(Sprecher deutet auf das große Sternbild.)*
Jesus bringt Freude, Begeisterung, Ruhe, Leben und Frieden. Jesus bringt die Liebe Gottes, ein Stück Himmel, auf die Erde. Mit jedem Weihnachtsstern erinnern wir uns an die Liebe Gottes.

Fürbitten

Viele Menschen brauchen einen Stern, der ihr Leben hell macht. An sie wollen wir denken:

(1) Viele Menschen sind traurig. Wir wünschen ihnen Freude.
Alle: Wir wünschen ihnen Freude.

(2) Viele Menschen sind ohne Kraft und Mut. Wir wünschen ihnen Begeisterung.
Alle: Wir wünschen ihnen Begeisterung.

(3) Viele Menschen sind unglücklich und rastlos auf der Suche nach einem Ziel. Wir wünschen ihnen Ruhe.
Alle: Wir wünschen ihnen Ruhe.

(4) Viele Menschen haben keine Kraft und keinen Willen mehr zum Leben. Wir wünschen ihnen neues Leben.
Alle: Wir wünschen ihnen neues Leben.

(5) Viele Menschen haben sich gestritten. Wir wünschen ihnen Frieden.
Alle: Wir wünschen ihnen Frieden.

Guter Gott, du schenkst der Welt das Licht durch Jesus Christus, unseren Herrn. Amen.

Gabengebet

Guter Gott, du beschenkst uns immer wieder mit deinen Gaben. Ein großes Geschenk ist die Geburt deines Sohnes Jesus. Du zeigst uns deine Liebe durch Jesus Christus, deinen Sohn, unseren Herrn, der in der Einheit des Heiligen Geistes mit dir lebt und wirkt in alle Ewigkeit. Amen.

Schlussgebet

Lieber Gott, durch die Geburt deines Sohnes kommt Licht in das Leben der Menschen. Sterne zeigen, dass mit Jesus ein Stück Himmel auf die Erde kommt. Dieses Licht macht uns froh. Dafür danken wir durch Jesus Christus, unseren Herrn. Amen.

Friede ist ein zerbrechliches Gut

Vorbereitung

- *Teile einer zerbrochenen Christbaumkugel;*
- *eine große rote Glas-Weihnachtskugel, die eingepackt ist, Aufschrift auf der Verpackung: Vorsicht, zerbrechlich!;*
- *evtl. kleine Christbaumkugeln für alle Kinder (z. B. beim Floristen oder im Bastelgeschäft erhältlich).*

Einführung

Liebe Kinder, liebe Christen, wir stehen kurz vor dem großen Weihnachtsfest. Es sind nur noch wenige Tage bis Weihnachten. Als Schülerinnen und Schüler wird euch die folgende Spielszene sicher bekannt vorkommen. Das könnte genauso in unserer Schule passieren.

Spielszene, 1. Teil

(Zwei Schüler sitzen an einem Tisch. Einer (A) benutzt einen Radiergummi. Der andere (B) sagt:)

Halt! Das ist mein Radiergummi.

A: Der war aber auf meiner Seite! Du dumme Kuh!

B: Gib mir sofort meinen Radiergummi!

A: Da kannst du ihn haben!

(A wirft den Radiergummi durch den Raum).

B: Mit dir rede ich nie mehr ein Wort!

Sprecher:

So schnell kann es gehen. So schnell ist der Friede kaputt. Die beiden haben eine ganze Woche nicht mehr miteinander gesprochen. Und das nur wegen eines Radiergummis! So schnell geht der Friede kaputt.

Schuldbekenntnis

(1) Herr Jesus Christus, oft streiten wir uns und sagen uns böse Worte.
Herr, erbarme dich.

(2) Herr Jesus Christus, oft sind wir beleidigt und reden nicht miteinander.
Christus, erbarme dich.

(3) Herr Jesus Christus, du schenkst uns den Frieden, der so wertvoll und kostbar ist.
Herr, erbarme dich.

Tagesgebet

Lieber Gott, wir warten alle auf das Fest der Geburt Jesu. Er hat uns die Welt mit all ihren Schätzen gezeigt. Du hilfst uns, dass wir einander verstehen, durch Jesus Christus, unseren Herrn. Amen.

Lesung *(Phil 4,4-9)*

Lesung aus dem Brief an die Philipper

Freut euch im Herrn zu jeder Zeit! Noch einmal sage ich: Freut euch! Eure Güte werde allen Menschen bekannt. Der Herr ist nahe. Sorgt euch um nichts, sondern bringt in jeder Lage betend und flehend eure Bitten mit Dank vor Gott! Und der Friede Gottes, der alles Verstehen übersteigt, wird eure Herzen und eure Gedanken in der Gemeinschaft mit Christus Jesus bewahren.
Schließlich, Brüder: Was immer wahrhaft, edel, recht, was lauter, liebenswert, ansprechend ist, was Tugend heißt und lobenswert ist, darauf seid bedacht! Was ihr gelernt und angenommen, gehört und an mir gesehen habt, das tut! Und der Gott des Friedens wird mit euch sein.

Evangelium *(Lk 2,6-14)*

Aus dem heiligen Evangelium nach Lukas

Für Maria kam die Zeit ihrer Niederkunft, und sie gebar ihren Sohn, den Erstgeborenen. Sie wickelte ihn in Windeln und legte ihn in eine Krippe, weil in der Herberge kein Platz für sie war.
In jener Gegend lagerten Hirten auf freiem Feld und hielten Nachtwache bei ihrer Herde. Da trat der Engel des Herrn zu ihnen, und der Glanz des

Herrn umstrahlte sie. Sie fürchteten sich sehr, der Engel aber sagte zu ihnen: Fürchtet euch nicht, denn ich verkünde euch eine große Freude, die dem ganzen Volk zuteil werden soll: Heute ist euch in der Stadt Davids der Retter geboren; er ist der Messias, der Herr. Und das soll euch als Zeichen dienen: Ihr werdet ein Kind finden, das, in Windeln gewickelt, in einer Krippe liegt.

Und plötzlich war bei dem Engel ein großes himmlisches Heer, das Gott lobte und sprach: Verherrlicht ist Gott in der Höhe, und auf Erden ist Friede bei den Menschen seiner Gnade.

Predigtteil

In der Spielszene haben wir gesehen, wie schnell der Friede kaputt geht. Und das oft nur wegen einer Kleinigkeit. Das ist so wie bei dieser Glaskugel.

(Sprecher nimmt die kaputte Glaskugel.)

Eine Unachtsamkeit – und das ganze Geschenk ist kaputt. Es gibt Geschenke, die sehr kostbar, aber gleichzeitig zerbrechlich sind.

Nun fragt ihr euch: Was hat das mit Weihnachten zu tun? Das Evangelium gibt uns Antwort. Darin steht: Als Jesus auf die Welt kam, haben die Engel vom Frieden auf der Welt gesungen. Jesus Christus ist geboren, um uns und der ganzen Welt den Frieden zu schenken.

Der Friede aber ist so zerbrechlich wie eine Christbaumkugel. Eine Unachtsamkeit und das ganze Geschenk des Friedens ist kaputt.

Menschen streiten miteinander und schauen sich nicht mehr an. So kann für uns eine Christbaumkugel wie eine Botschaft für Weihnachten sein.

(Sprecher nimmt das Päckchen mit der Aufschrift Vorsicht zerbrechlich! *und öffnet es:)*

Beim Frieden müssen wir vorsichtig sein. Er ist ein Geschenk Gottes: kostbar und zerbrechlich wie eine Glaskugel. Wir legen sie auf den Adventskranz und hängen sie an Weihnachten an den Christbaum und denken an die Botschaft der Christbaumkugel: Achte auf den Frieden, denn er ist kostbar und zerbrechlich.

(Christbaumkugel wird aufgehängt.)

Das ist nicht immer leicht. Aber manche wissen, wie man auf das Geschenk des Friedens acht geben kann.

Spielszene, 2. Teil

(Die Spieler A und B der Spielszene kommen wieder.)

A: Ich finde, wir sollen wieder Freunde sein. Ich schenke dir einen Radiergummi.

Fürbitten

Guter Gott, mit der Geburt deines Sohnes sprichst du dein Wort: Friede allen Menschen auf Erden. Höre unser Gebet:

(1) Wir beten für alle Menschen, die ständig jammern und klagen und im Herzen unzufrieden sind.
Schenke ihnen Frieden.

(2) Wir beten für alle Menschen, die gestritten haben und keinen Mut haben zur Versöhnung.
Schenke ihnen Frieden.

(3) Wir beten für alle Menschen, die immer gleich zuschlagen.
Schenke ihnen Frieden.

(4) Wir beten für alle Kinder, die in einer Schulklasse zusammengehören.
Schenke ihnen Frieden.

(5) Wir beten für alle Politiker, die den Frieden zwischen den Ländern halten und stärken können.
Schenke ihnen Frieden.

Denn dein Friede, o Gott, lässt die ganze Welt leben. Und dafür danken wir durch Jesus Christus, unseren Herrn. Amen.

Gabengebet

Guter Gott, wir bringen unsere Gaben zum Altar und legen eine Christbaumkugel dazu. Sie erinnert uns an die Gaben, die nur du schenken kannst. Dein Friede hält uns zusammen und lässt uns immer wieder feiern. Dafür danken wir durch Jesus Christus, unseren Herrn. Amen.

Nach dem Vaterunser

Der Herr hat zu seinen Aposteln gesagt: Frieden hinterlasse ich euch, meinen Frieden gebe ich euch: ein kostbares und zerbrechliches Geschenk. Das zeigt uns auch das Symbol der Weihnachtskugel. Deshalb bitten wir ...

Meditation

Gerne sehe ich in eine Christbaumkugel.
Wenn ich eine Christbaumkugel ansehe, staune ich.
Sie wurde mit Sorgfalt und Feingefühl aus glühendem Glas geblasen.
Behutsam wurde sie in Farbe getaucht.
Sie ist rund wie die Weltkugel.
Und wenn ich sie aus der Nähe betrachte, spiegelt sie mein Gesicht.
Für mich ist sie ein Zeichen des Friedens.
Der Friede der ganzen Welt und der Friede in meinem Herzen sind auch kostbar und zerbrechlich.

Schlussgebet

Lieber Gott, wir haben miteinander gefeiert und danken dir immer wieder für dein kostbares Geschenk, den Frieden. Um deinen Frieden wollen wir uns mühen. Gib uns die Kraft und den Mut zur Versöhnung. Darum bitten wir durch Jesus Christus, unseren Herrn. Amen.

Spuren zur Krippe

Vorbereitungen

– *Kinder haben Spuren (aus Papier ausgeschnittene Fußabdrücke) vorbereitet. Jedes Kind kann auf seine Fußspur Ideen schreiben, mit welchem Verhalten wir Weihnachten entgegen gehen wollen. Als Anregungen sollen die folgenden Möglichkeiten dienen:*
 – *andere mitspielen lassen*
 – *teilen*
 – *helfen*
 – *verzeihen*
 – *versöhnen*
 – *danken*
 – *jemandem zuhören*
 – *etwas verschenken*
 – *Traurige trösten*
 – *jemandem eine Freude machen*
 – *alten Menschen helfen*
 – *Kranke besuchen*
 – *beten*
 – *sich entschuldigen*
 – *eine Weihnachtsgeschichte lesen*
 – *...*

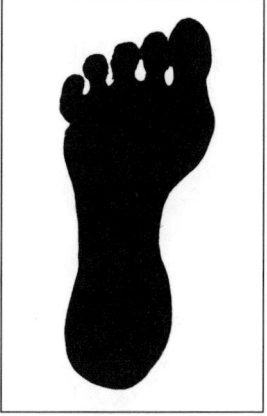

– *ein Engel im weißen Gewand;*
– *ein Hirte mit Stoffschaf auf dem Arm;*
– *ein König mit Krone und Mantel (Sternsinger-König);*
– *große Spuren für Engel, Hirten und König;*
– *leere Krippe vor dem Altar.*

Zum Einzug: GL 115: Wir sagen euch an ...

(Während des Liedes werden die entsprechenden Kerzen am Adventskranz angezündet.)

Einführung

Wir sind in die Kirche gekommen, um miteinander zu beten und zu singen. Denn heute beginnen die Weihnachtsferien. Wir freuen uns auf die Ferien und wir freuen uns auf Weihnachten. Zum Beginn des Advents haben wir uns auf den Weg gemacht hin zum Weihnachtsfest, hin zu Jesus. Er ist das Ziel dieses Weges. Deshalb steht da vorne die Krippe. Jetzt ist sie noch leer. Erst an Weihnachten wird das Jesuskind darin liegen.
Wir sind auf dem Weg hin zu dieser Krippe. Deshalb haben wir unsere Spuren auf den Weg gelegt. Wir wollen sehen, welche Spuren uns näher zur Krippe, näher hin zu Jesus bringen.
(Einige Kinder lesen Spuren vor.)
So sind wir auf dem richtigen Weg hin zum Weihnachtsfest.
Und nun wollen wir Jesus grüßen.

Kyrie

(1) Herr Jesus Christus, wir sind auf dem Weg zum Weihnachtsfest.
      Kyrie eleison.
(2) Herr Jesus Christus, wir wollen den Spuren folgen, die uns zur Krippe führen.
      Christe eleison.
(3) Herr Jesus Christus, du willst allen Menschen nahe sein.
      Kyrie eleison.

Tagesgebet

Guter Gott, wir freuen uns auf die Ferien und wir freuen uns auf den Geburtstag Jesu. Er ist uns ganz nah und will unser Freund sein. Wir wollen auf dein Wort hören, so dass wir ihn immer besser kennenlernen, Jesus Christus, der in der Einheit des Heiligen Geistes mit dir lebt und wirkt, jetzt und in Ewigkeit. Amen.

Lesung *(Jes 60,3-5)*

Lesung aus dem Buch Jesaja

Völker wandern zu deinem Licht
und Könige zu deinem strahlenden Glanz.

Blick auf und schau umher:
Sie alle versammeln sich und kommen zu dir.
Deine Söhne kommen von fern,
deine Töchter trägt man auf den Armen herbei.
Du wirst es sehen, und du wirst strahlen,
dein Herz bebt vor Freude
und öffnet sich weit.
Denn der Reichtum des Meeres strömt dir zu,
die Schätze der Völker kommen zu dir.

Evangelium *(Mk 1,1-4)*

Aus dem heiligen Evangelium nach Markus

Anfang des Evangeliums von Jesus Christus, dem Sohn Gottes. Es begann, wie es bei dem Propheten Jesaja steht: Ich sende meinen Boten vor dir her; er soll den Weg für dich bahnen. Eine Stimme ruft in der Wüste: Bereitet dem Herrn den Weg! Ebnet ihm die Straßen! So trat Johannes der Täufer in der Wüste auf und verkündigte Umkehr und Taufe zur Vergebung der Sünden.

Predigtteil

Wir haben unsere Spuren auf den Weg zur Krippe gelegt, weil wir zu Jesus in der Krippe unterwegs sind. Mit uns sind noch andere auf dem Weg zur Krippe.
(Von hinten kommt ein Engel. Er bleibt im hinteren Drittel des Mittelganges stehen. Der Engel spricht:)
(1) Ich bin ein Engel. Wir Engel dürfen Gott ganz nahe sein. Das macht uns so fröhlich, dass wir diese Freude weiterschenken wollen. Als Boten Gottes bringen wir allen Menschen große Freude. Die Menschen haben uns gern.
Ein Engel ging zu Maria. Ein Engel ist auch zu den Hirten gegangen und hat ihnen die Geburt Jesu verkündet.
Ich bin unterwegs zur Krippe wie ihr. Ich sage euch, wie wir Jesus in der Krippe finden können. Freut euch! Jesus kommt auf die Welt. Kommt mit zur Krippe!
Ihr könnt die Freude weiterschenken, so wie es auf euren Spuren steht. Dann werdet ihr selbst zu Engeln dieser Welt.

(Engel legt große Spuren auf den Weg. Darauf steht: Freut euch! Seid froh! Freut euch auf Jesus! Schenkt allen Menschen Freude. (Diese Spuren werden vorgelesen.)

Lied: z. B. Stern über Bethlehem, *1. Strophe (s. Anhang S. 192)*

(Von hinten kommt ein Hirte mit einem Stoffschaf im Arm. Er bleibt in der Mitte des Mittelganges stehen. Der Hirte spricht:)

(2) Ich bin ein Hirte. Ich bin immer draußen bei meiner Herde. Da muss ich wachsam sein, dass nichts passiert. Da muss ich meine Augen und meine Ohren offen halten. Ich sorge für meine Herde. Ich bin unterwegs zur Krippe wie ihr. Ich sage euch, wie wir den Weg zur Krippe finden können. Wir müssen wachsam sein, dass wir nichts Wichtiges versäumen.

Macht eure Ohren und eure Augen auf für Jesus. Dann können wir gemeinsam an Weihnachten das Kind in der Krippe finden und Freunde von Jesus sein.

(Hirte legt große Spuren auf den Weg. Darauf steht: Seid wachsam! Macht eure Ohren auf! Macht eure Augen auf!)

Lied: Stern über Bethlehem, *wieder 1. Strophe*

(Von hinten kommt ein König. Er bleibt im vorderen Drittel des Weges stehen. Der König spricht:)

(3) Ich bin ein weiser Mann aus dem Morgenland. Ich komme von weit her. Ein heller Stern zeigt mir den Weg. Ich habe viel gelernt und studiert und weiß viel über die Sterne. Ich kann dem Jesuskind wertvolle Geschenke mitbringen: Gold, Weihrauch und Myrrhe. Gerne gebe ich ihm das Wertvollste, was ich habe. Gott hat auch mich eingeladen. Ich freue mich sehr, dass ich auch als Fremder zum Jesuskind kommen darf.

Jetzt bin ich unterwegs zur Krippe wie ihr. Ich habe etwas wunderbares erfahren.Gott kommt zu allen Menschen. Er will für alle da sein: Arme, Reiche, Einfache und Gescheite, Große und Kleine, Nahe und Fremde, Gute und Böse. Er kommt auch zu dir und ist für dich da.

(König legt große Spuren auf den Weg. Darauf steht: Jesus ist für alle Menschen gekommen. Gott kümmert sich um dich. Gott hat dich lieb.

Lied: Stern über Bethlehem, *1., 2. und 3. Strophe*

Fürbitten

Guter Gott, wir sind auf dem Weg zur Krippe und freuen uns auf Weihnachten. Wir bitten dich:

(1) *(Engel spricht:)*
Viele Menschen sind traurig und einsam.
Schicke ihnen Menschen auf den Weg,
die wie Engel sind und Freude weitergeben.
Alle: Wir bitten dich, erhöre uns.

(2) *(Hirte spricht:)*
Viele Menschen sind verschlossen.
Sie hören und sehen nicht mehr.
Öffne ihre Ohren und Augen,
dass sie wachsam werden für das Schöne in der Welt.

(3) *(König spricht:)*
Viele Menschen sind fremd in unserem Land.
Sie haben Angst, dass sie verspottet werden.
Zeige, dass alle Menschen so wertvoll wie Könige sind.

Darum bitten wir durch Jesus Christus, unseren Herrn. Amen.

Gabenprozession

Wir sind Jesus auf der Spur. Deshalb wollen wir Freude weiterschenken. Denn wir wissen, Gott ist für alle da. Einige Kinder bringen nun das Geld, das wir für Kinder in Ecuador gesammelt haben an die Krippe. Auch zu diesen Kindern soll die Weihnachtsfreude kommen.

Gabengebet

Guter Gott, wenn wir den Spuren zur Krippe folgen, sind wir dir ganz nahe. Wir bringen nun Brot und Wein, denn auch in diesen Zeichen willst du bei uns sein durch Jesus Christus, unseren Herrn. Amen.

Schlussgebet

Lieber Gott, nun sind wir schon ganz nahe an Weihnachten. Wir feiern den Geburtstag Jesu. Wenn wir den Spuren folgen, werden wir sicher zu ihm und seiner Krippe gelangen und uns freuen, dass er bei uns ist. Er ist der Retter und hat das Böse und den Tod besiegt. Dafür danken wir durch Jesus Christus, unseren Herrn. Amen.

Wie Weihrauch steigt mein Gebet auf zu dir

Die Thematik bietet sich an am Fest Erscheinung des Herrn oder als Möglichkeit, einmal einen Gottesdienst nach den Weihnachtsferien zu feiern. Im Rahmen des Religionsunterrichts ist es auch möglich, eine gottesdienstliche Feier im Klassenverband zu halten. Dazu sind nur geringfügige Änderungen des Textes nötig.

Vorbereitung

– *Gegenstand aus Gold;*
– *Weihrauchfass;*
– *Dose mit Weihrauch;*
– *Kästchen (mit Myrrhe);*
– *Schale mit glühender Kohle für den Weihrauch.*

Einführung

Liebe Kinder, liebe Christen, wir stehen noch ganz im Glanz des großen Weihnachtsfestes. Und heute feiern wir wieder: das Fest der Erscheinung des Herrn oder der drei Weisen aus dem Morgenland. Man sagt, sie kommen aus fernen Ländern und bringen Gaben. Mit Gold, Weihrauch und Myrrhe wollen sie Jesus huldigen. Sie sehen Jesus als ihren König. So rufen auch wir zu Jesus Christus.

Kyrie

(Drei Kinder kommen mit Gold, Weihrauch und Myrrhe und sprechen:)

(1) *Gold:*
Herr Jesus Christus, du bist unser König.
Kyrie eleison.

(2) *Weihrauch:*
Herr Jesus Christus, du bist unser Gott.
Christe eleison.

(3) *Myrrhe:*
Herr Jesus Christus, du bist Mensch geworden aus Liebe zu uns.
Kyrie eleison.

Tagesgebet

Gott, die Weisen suchten deinen Sohn Jesus. Auch wir sind immer wieder auf dem Weg zu ihm. Wir wollen beten und danken durch Jesus Christus, deinen Sohn, unseren Herrn und Gott, der in der Einheit des Heiligen Geistes mit dir lebt und wirkt in Ewigkeit. Amen.

Lesung *(Ps 141,1-4)*

Lesung aus dem Buch der Psalmen

Herr, ich rufe zu dir.
Eile mir zu Hilfe.
Höre auf meine Stimme, wenn ich zu dir rufe.
Wie ein Rauchopfer steige mein Gebet vor dir auf.
Als Abendopfer gelte vor dir, wenn ich meine Hände erhebe.
Herr, stell eine Wache vor meinen Mund,
eine Wehr vor das Tor meiner Lippen.
Gib, dass mein Herz sich bösen Worten nicht zuneigt,
dass ich nichts tue, was schändlich ist,
zusammen mit Menschen, die Unrecht tun.
Von ihren Leckerbissen will ich nicht kosten.

Wie mein Opa dankt

(Die Geschichte kann mit verteilten Rollen gelesen oder von zwei Personen, die an einem Tisch sitzen, gespielt werden.)

Es war Großvaters Geburtstag und viele Gäste hatten mit ihm gefeiert. Am Abend, als alle Gäste wieder gegangen waren, blieb ich ganz allein mit ihm. Da entdeckte ich in einer Schublade dieses Kästchen. Darin waren nur einige Krümel. Und ich fragte meinen Opa:
„Großvater, was hast du da für Krümel?"
Opa erklärte mir: „Ich bewahre sie schon lange in diesem schönen Kästchen auf, weil es etwas Besonderes ist. Ich zeige dir, was ich mit diesen Krümeln mache."
(Großvater legt Weihrauchkörner auf glühende Kohle bzw. zündet sie an.)
„Das riecht wie in der Kirche", war mein erster Gedanke.
„Ja, in der Kirche wird auch Weihrauch verbrannt", sagte Opa. „Deshalb ist dieser Duft immer etwas Besonderes für mich. Ich mag ihn so gerne. Weißt du, woran er mich noch erinnert? Damals, als ich diese Weihrauchkörner bekam, war ich gerade von einer schweren Lungenentzün-

dung gesund geworden. Der Arzt hatte mir gesagt: ‚Sie haben es überstanden.' Ich war sehr krank gewesen. Aber an diesem Weihnachtsfest
bin ich wieder gesund geworden. Ich habe mich vor die Krippe gesetzt
und ein paar Weihrauchkörner angezündet. Ich war so froh und dankbar.
Wie der Weihrauch stieg mein Dank zu Gott. Ich betete: ‚Danke, dass ich
leben darf. Danke, dass ich gesund bin.'
Seitdem habe ich noch ein paar Mal etwas von den Weihrauchkörnern
genommen und sie angezündet:
– als deine Mutter den schweren Unfall überstanden hatte: Wie Weihrauch stieg meine Freude und mein Dank zu Gott;
– an dem Tag, an dem du auf die Welt kamst: Wie Weihrauch stieg
  meine Freude und mein Dank zu Gott.
Wenn ich Weihrauch rieche, dann brauche ich nicht mehr viel zu sagen.
Ich freue mich einfach; ich denke an Gott und danke ihm. Deshalb zünde
ich auch heute, an meinem Geburtstag, Weihrauch an. Mit dem Weihrauch steigt meine Freude und mein Dank zu Gott:
– Danke für all die schönen Jahre.
– Danke für alles, Gott.“

Evangelium *(Mt 2,1-12)*

Aus dem heiligen Evangelium nach Matthäus

Als Jesus zur Zeit des Königs Herodes in Betlehem in Judäa geboren worden war, kamen Sterndeuter aus dem Osten nach Jerusalem und fragten:
Wo ist der neugeborene König der Juden? Wir haben seinen Stern aufgehen sehen und sind gekommen, um ihm zu huldigen. Als König Herodes das hörte, erschrak er und mit ihm ganz Jerusalem. Er ließ alle
Hohenpriester und Schriftgelehrten des Volkes zusammenkommen und
erkundigte sich bei ihnen, wo der Messias geboren werden solle. Sie antworteten ihm: In Betlehem in Judäa; denn so steht es bei dem Propheten:
Du, Betlehem im Gebiet von Juda, bist keineswegs die unbedeutendste
unter den führenden Städten von Juda; denn aus dir wird ein Fürst her-
vorgehen, der Hirt meines Volkes Israel.
Danach rief Herodes die Sterndeuter heimlich zu sich und ließ sich von
ihnen genau sagen, wann der Stern erschienen war. Dann schickte er sie
nach Betlehem und sagte: Geht und forscht sorgfältig nach, wo das Kind
ist; und wenn ihr es gefunden habt, berichtet mir, damit auch ich hingehe und ihm huldige. Nach diesen Worten des Königs machten sie sich auf
den Weg.

Und der Stern, den sie hatten aufgehen sehen, zog vor ihnen her bis zu dem Ort, wo das Kind war; dort blieb er stehen. Als sie den Stern sahen, wurden sie von sehr großer Freude erfüllt. Sie gingen in das Haus und sahen das Kind und Maria, seine Mutter; da fielen sie nieder und huldigten ihm.

Dann holten sie ihre Schätze hervor und brachten ihm Gold, Weihrauch und Myrrhe als Gaben dar. Weil ihnen aber im Traum geboten wurde, nicht zu Herodes zurückzukehren, zogen sie auf einem anderen Weg heim in ihr Land.

Predigtteil

Liebe Kinder, liebe Christen, die Geschichte, die wir soeben vom Opa gehört haben, hat uns gezeigt, was das Geschenk des Weihrauchs bedeuten kann. Mit Weihrauch loben und danken wir Gott. Der Weihrauch steigt vom Himmel hinauf wie unsere Gebete zu Gott gelangen. Ein wunderbares Bild hat uns davon der Psalm gegeben: „Wie ein Rauchopfer steige mein Gebet vor dir auf" (Ps 141,2a). Deshalb dürfen wir alle ein Weihrauchkörnchen nehmen und in heiße Kohle legen.

(Kinder [und Erwachsene nach Möglichkeit auch] gehen nach vorne und legen ein Weihrauchkorn in eine Schale mit glühender Kohle ein. Dazu Musik oder das Lied: Christus Sieger, GL 564. Das Lied kann auch mit folgendem Text gesungen werden:

V/A: Jesus Sieger, Jesus König, Jesus, Herr in Ewigkeit

(1)	Du unser König	Wir ehren dich
	König der Liebe	Wir ehren dich
	König der Freude	Wir ehren dich
	König des Friedens	Wir ehren dich
	König der ganzen Welt	Wir ehren dich

V/A: Jesus Sieger, Jesus König, Jesus, Herr in Ewigkeit

(2)	Freund der Hungernden	Wir ehren dich
	Zuflucht der Fremden	Wir ehren dich
	Heiland der Kranken	Wir ehren dich
	Retter der Gefangenen	Wir ehren dich
	Bruder der Geringen	Wir ehren dich

V/A: Jesus Sieger, Jesus König, Jesus, Herr in Ewigkeit

(3) König der Armen	Wir ehren dich
König der Kinder	Wir ehren dich
Bruder der Menschen	Wir ehren dich
Erlöser und Heiland	Wir ehren dich
Hoffnung der ganzen Welt	Wir ehren dich)

Gabengebet

Guter Gott, wenn wir nun Gold, Weihrauch und Myrrhe vor deinen Altar stellen, dann wollen diese Gaben zeigen: Wir loben dich und preisen dich, wir danken dir für alle Liebe, die du uns schenkst durch Jesus Christus, unseren Herrn. Amen.

Schlussgebet

Wir danken dir, allmächtiger Gott, für alle Gaben und bitten dich: Erhelle unsere Wege mit deinem Licht, damit wir deine Liebe erkennen. Gib uns die Kraft, selbst ein Licht zu sein in dieser Welt. Darum bitten wir durch Jesus Christus, unseren Herrn. Amen.

FASTEN- UND OSTERZEIT

Aschermittwoch:
Alles hat seine Zeit

Der Gottesdienst wird am besten auf dem Schulhof oder einem anderen Platz im Freien gefeiert.

Vorbereitung

- *Kinder bringen Luftschlangen und Faschingsmasken mit. Diese werden zu Beginn bereits in der Mitte gesammelt.*
- *Palmzweige vom Vorjahr;*
- *Zweig vom Christbaum;*
- *Gefäß, in dem man die Luftschlangen verbrennen kann;*
- *Lied (und Tanz): Himmel und Erde müssen vergehn (s. Anhang S. 194);*
- *Asche.*

Einführung

Gestern war noch Fasching. Ihr habt euch verkleidet und viel Spaß gehabt. Vom Fasching haben wir heute noch Reste mitgebracht. Diese wollen wir nachher verbrennen, denn der Fasching ist vorbei. So wie der Fasching vergeht, so vergeht alles einmal.

Heute ist Aschermittwoch. Es beginnt etwas Neues. Der Aschermittwoch ist kein trauriger Tag, denn unsere Freude bleibt. Nur die Faschingsgaudi ist vorbei.

Alles ist wichtig, die laute Freude von Fasching und auch eine ruhige Fastenzeit. Sie führt uns zum Osterfest.

Lesung *(Koh 3,1-8)*

Lesung aus dem Buch Kohelet

Alles hat seine Stunde. Für jedes Geschehen unter dem Himmel gibt es
eine bestimmte Zeit:
eine Zeit zum Gebären
und eine Zeit zum Sterben,
eine Zeit zum Pflanzen
und eine Zeit zum Abernten der Pflanzen,
eine Zeit zum Töten
und eine Zeit zum Heilen,
eine Zeit zum Niederreißen
und eine Zeit zum Bauen,
eine Zeit zum Weinen
und eine Zeit zum Lachen,
eine Zeit für die Klage
und eine Zeit für den Tanz;
eine Zeit zum Umarmen
und eine Zeit, die Umarmung zu lösen,
eine Zeit zum Schweigen
und eine Zeit zum Reden.

Als Christen wissen wir, dass nicht alles ein Ende hat. Denn Gott liebt
uns immer, auch über den Tod hinaus. Mit Jesus können wir immer leben
und feiern.
Von unseren Faschingssachen bleibt nur Asche übrig. Diese Asche erinnert uns an das Ende. Aber sie erinnert uns gleichzeitig, dass etwas Neues
beginnt.
Jetzt wollen wir die Zeichen für den Fasching und die Gaudi verbrennen.

Verbrennen der Luftschlangen und Palmzweige

(Kinder sprechen:)

(1) Ich habe Palmzweige vom letzten Osterfest mitgebracht.
    Das Osterfest ist schon lange vorbei.
    Wir warten auf das kommende Osterfest.
(2) Ich habe noch einen Tannenzweig vom Christbaum.
    Weihnachten ist vorbei.
    Wir warten auf das kommende Osterfest.

(3) Ich habe Luftschlangen vom Fasching dabei.
Der Fasching ist vorbei. Wir können sie verbrennen.
Wir warten auf das kommende Osterfest.

(4) Hier sind Papiermasken vom Fasching.
Wir verkleiden uns nicht mehr, sondern warten auf das Osterfest.

(Anzünden und Verbrennen der Gegenstände.)

Weihe der Asche

Allmächtiger, großer Gott,
heute beginnt die Fastenzeit.
Wir warten auf das Osterfest.
Wir wollen uns recht vorbereiten auf Ostern, das Fest der größten Freude.
Hilf uns dabei!

Segne diese Asche: Im Namen des Vaters und des Sohnes und des Heiligen Geistes. Amen.

Die Asche erinnert uns: Alles vergeht einmal, aber mit Jesus dürfen wir leben und ewig feiern. Darum bitten wir durch Christus, unseren Herrn.

Diese Gedanken sind auch in einem kleinen Lied und Tanz ausgedrückt, das wir nun gemeinsam singen werden:

Lied und Tanz: Himmel und Erde müssen vergehn *(s. Anhang S. 194)*

Strophen	*Möglichkeiten zur Darstellung*
Himmel und Erde müssen vergehn, aber dein Wort o Herr, ... bleibet bestehn.	*Tänzer stehen im Kreis, gehen in die Hocke, stehen auf und gehen im Kreis.*
Himmel und Erde müssen vergehn, aber die Liebe, Herr, ... bleibet bestehn.	*Tänzer stehen im Kreis, gehen in die Hocke, stehen auf und gehen im Kreis.*

Jeder von uns wird nachher ein Kreuz mit dieser geweihten Asche auf seine Stirn bekommen. Die Asche erinnert uns an das Ende. Aber sie erinnert uns gleichzeitig daran, dass etwas Neues beginnt.

Der Herr Pfarrer spricht dazu:

Alles vergeht, nur die Liebe Gottes bleibt.

Kinderkreuzweg mit Symbolen

Verschiedene Gestaltungsvorschläge

– *Auf den Altarstufen liegt eine große Platte, darauf ein großes Kreuz aus schwarzen Tüchern. In dieses Kreuz werden die Symbole zu jeder Station des Kreuzweges gelegt, zuerst ein großes Symbol, dann von den Kindern kleine Symbole. Die letzte Station ist die Auferstehung. Ein großes, helles, bemaltes Tuch oder Plakat wird über das Kreuz gelegt. (Nach einer Idee des Kindergottesdienst- und Kleinkindergottesdienstteams der Pfarrei Mariä Himmelfahrt in Memmingen.)*

– *Kinder aus verschiedenen Klassen haben die Kreuzwegstationen in Gemeinschaftsarbeit gestaltet. Die Bilder werden nacheinander zu den einzelnen Stationen geholt, gezeigt und aufgehängt.*

– *Die Stationen des Kreuzweges können auch als Schattenbilder dargestellt werden.*

– *Es bietet sich an, vorhandene Kreuzwegbilder zu betrachten, z. B. den Kreuzweg in der Kirche oder Dias bzw. Folienbilder.*

– *Kleine Gruppen sollen den Kreuzweg wirklich gehen.*

Es ist wichtig, einzelne Stationen auszuwählen und sich auf diese zu beschränken. Wir wollen nicht eine Leidens- und Opferhaltung idealisieren. Deshalb muss jede Station im Lichte der Auferstehung dargestellt werden. Die letzte Station sollte für Kinder immer eine Auferstehungsstation sein.

Lieder

- *Die Menschen öffnen Türen (s. Anhang S. 195);*
- *Liebte Gott der Herr uns nicht (s. Anhang S. 196 f.);*
- *Wo zwei oder drei in meinem Namen versammelt sind;*
- *Wir preisen deinen Tod.*

Eröffnungslied: Die Menschen öffnen Türen

Einführung

Viele Menschen haben ihre Türen, ihre Augen, ihre Ohren und ihre Herzen für Jesus geöffnet. Sie haben gespürt, wie gut Jesus zu ihnen ist. Er hat viele Kranke geheilt. Er hat den Menschen zugehört und ihnen von seinem Vater erzählt. Er hat die Kinder in seine Arme genommen und sie gesegnet. Da haben sie Jesus zugejubelt und wollten, dass er ihr König wird.

Deshalb sehen wir auf diesem Bild viele Menschen, die sich um Jesus versammeln. Alle haben sich um Jesus versammelt, die Großen und die Kleinen, die Gesunden, die Kranken. Sie wollten ganz nahe bei Jesus sein und sehen, was er tut, und hören, was er sagt.

Aber Jesus hatte auch Feinde, weil er bei den Sündern einkehrte und weil viele Menschen glaubten, dass er der Sohn Gottes sei. Viele wurden deshalb zornig. So wurde Jesus gefangen genommen. Damit begann sein Leiden. Wir wollen heute den Leidensweg mit Jesus mitgehen.
(Bild wird aufgehängt.)

Lied: Liebte Gott der Herr uns nicht *(2. und 3. Strophe)*

1. Station: Jesus wird zum Tode verurteilt
Symbole: Gebrochener Stab, Dornenkrone

Jesus wird zum Tod verurteilt und gequält

Sprecher:
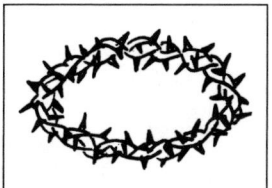
Jesus wurde am Ölberg gefangen genommen.
Sie haben ihn gefesselt und abgeführt wie
einen Verbrecher. Sie haben ihn verspottet und angespuckt. Sie riefen: Ein König
braucht einen Samtmantel und eine Krone.
Du bist doch gar kein König. Sie hängten ihm
einen roten Fetzen als Mantel um und setzen
ihm eine Dornenkrone auf den Kopf. Sie brachten ihn zu Pilatus. Die
Leute riefen: Kreuzige ihn! Ans Kreuz mit ihm! Und Pilatus tat, was die
Leute wollten. Er brach einen Stab über Jesus entzwei. Das bedeutet: Er
ist zum Tode verurteilt.
(Stab zerbrechen und mit der Dornenkrone vor das Bild legen.)

Meditation

Jesus, du wirst mit Dornen gekrönt.
Du wirst ausgelacht und verspottet,
Die Menschen zeigen mit Fingern auf dich.
Du bist ganz allein.
Sie rufen: Ans Kreuz mit ihm.
Und niemand hilft dir.
Du erträgst alles und schweigst.

Kinder:
(1) Jesus, wir haben dich gern. Du tust uns leid.
(2) Auch heute werden viele Menschen ausgelacht, verspottet und
    gequält.
(3) Wir denken an alle Kinder, die ausgelacht werden;
(4) Wir denken an alle Kinder, die verspottet werden;
(5) Wir denken an alle Menschen, die gequält werden.

(Evtl. Bild aufhängen.)

Lied: *Kehrvers 2-mal*

2. Station: Jesus nimmt das Kreuz auf seine Schultern
Symbol: Kreuz

Jesus trägt das schwere Kreuz

Sprecher:
Die Soldaten legen Jesus das Kreuz auf die Schulter. Jetzt beginnt ein schwerer Weg

Meditation

Das Kreuz ist groß und schwer.
Und der Weg ist weit.
Du bist jetzt schon so geschunden und
erschöpft.
Du kannst dich nicht wehren.
Und die Soldaten sind grausam.

Kinder:
(1) Jesus , wir haben dich gern. Du tust uns leid.
(2) Auch heute müssen viele Menschen eine schwere
(3) Last tragen und sind sehr traurig.
(4) Sei allen nahe, die eine schwere Last tragen.
(5) Sei allen nahe, die traurig sind.

(Evtl. Bild aufhängen.)

Lied: *Kehrvers 2-mal*

3. Station: Jesus fällt zum ersten Mal unter dem Kreuz
Symbol: Stein

Jesus fällt unter dem Kreuz

Sprecher:
Jesus liegt am Boden.
Er fällt unter das Kreuz.
Er kann nicht mehr.
Jesus ist ganz allein. Niemand hilft ihm.
Er ist über einen Stein gestolpert.

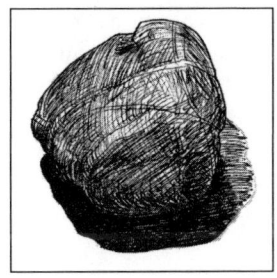

Meditation

Jesus, du bist über einen Stein gestolpert.
Doch du musst wieder aufstehen.
Du musst das schwere Kreuz weitertragen.
Die Soldaten zwingen dich, weiterzugehen.
Wie lange ist der Weg noch?
Gibt es noch viele Steine auf dem Weg?

Kinder:
(1) Jesus, wir haben dich gern. Du tust uns Leid.
(2) Auch heute gibt es viele Menschen, die nicht mehr weiter können.
(3) Wir denken an alle Menschen, die nicht mehr weiter können.
(4) Wir denken an alle Menschen., die allein sind und denen niemand hilft.
(5) Gib ihnen allen Mut und Kraft.

(Evtl. Bild aufhängen und einen Stein davor legen.)

Lied: *Kehrvers 2-mal*

4. Station: Simon von Cyrene hilft Jesus das Kreuz tragen.

Symbol: Hand

Simon hilft Jesus das Kreuz tragen

Sprecher:
Jesus schleppt das Kreuz mühsam weiter.
Er geht sehr langsam.
Allein kann er es nicht schaffen.
Er ist schon so schwach.
Das Kreuz ist zu schwer.
Der Weg ist zu weit.
Da kommt ein Mann vom Feld, ein Bauer.
Er heißt Simon.
Die Soldaten sagen zu ihm:
Komm und hilf das Kreuz tragen!
So nimmt Simon mit Jesus das Kreuz auf.
Beide tragen zusammen das Kreuz.
Simon hilft Jesus.
Er geht mit ihm.
Er spürt, dass Jesus leidet.

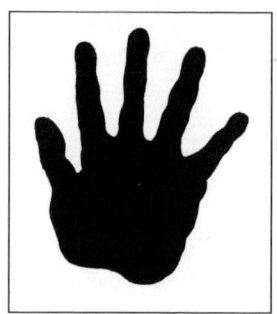

Meditation

Jesus, Simon hilft dir, das schwere Kreuz zu tragen.
Da ist endlich einer, der mit seinen Händen zupackt und dir hilft.
Er trägt das Kreuz mit dir.
Das ist gut.

Kinder:
(1) Jesus, wir haben dich gern. Du tust uns leid.
    Wir möchten dir helfen wie Simon dir geholfen hat.
(2) Auch heute gibt es viele Menschen, die Hilfe brauchen.
    Wir bitten dich, hilf uns, dass wir sehen,
    wenn einer von uns Hilfe braucht.
(3) Mach uns bereit, dass wir anderen die Lasten tragen helfen.
(4) Gib uns Hände, die bereit sind, den anderen zu helfen.

(Evtl. Bild aufhängen und die Hand davor legen.)

Wir wollen heute schon anfangen zu helfen. Vielen Kindern geht es schlecht. Wir haben in der Fastenzeit für sie gespart. Die Klassensprecher dürfen jetzt die Opferkästchen nach vorne bringen.

(Die Kinder bringen die Opferkästchen nach vorne.)

Lied: *Kehrvers 2 mal*

5. Station: Jesus stirbt am Kreuz
Symbol: Kerze verlöscht

Jesus wird gekreuzigt und stirbt am Kreuz

Sprecher:
Jesus hat das Kreuz auf den Berg Golgota getragen.
Die Soldaten haben ihm die Kleider weggerissen und verteilt.
Nun nageln sie Jesus ans Kreuz.
Er ist ganz allein.
Alle seine Freunde sind weggelaufen.
Das Kreuz wird aufgerichtet.

Jesus hängt am Kreuz.
Es wird ganz dunkel um ihn.
Da ruft Jesus laut:
Vater, in deine Hände lege ich mein Leben.
Dann neigt Jesus sein Haupt und stirbt.

(Kerze wird ausgelöscht.)

Meditation

Jesus, du bist tot.
Viele sagen: Alles war umsonst.
Du bist einen grausamen Tod am Kreuz gestorben.

Kinder:
(1) Jesus, wir haben dich gern. Jesus, du tust uns leid.
(2) Auch heute sterben viele Menschen.
(3) Wir denken an alle Menschen, die sterben müssen.
(4) Wir denken an alle Menschen, die traurig sind, weil ein lieber Mensch stirbt.

(Evtl. Bild aufhängen.)

Lied: *4. Strophe*

6. Station: Jesus wird auferstehen: Der Engel spricht mit den Frauen.

Jesus wird auferstehen.

Sprecher:
Alles ist dunkel. Die Kerze ist aus.
Jesus ist am Kreuz gestorben und ins dunkle Grab gelegt worden.
Die Menschen sind traurig.
Aber das ist noch nicht das Ende.
Was ist geschehen?
(Antworten der Kinder.)

Jawohl, Jesus lebt. Er ist auferstanden. Die Menschen haben das erlebt. Das ist die schönste Geschichte. Die wollen wir hören. Wir stehen dazu auf.

Evangelium *(nach Mk 16,2-6)*

Aus dem Heiligen Evangelium nach Markus

Am ersten Tag der Woche machten sich drei Frauen auf den Weg zum Grab Jesu. Die Frauen waren traurig. In ihren Herzen war es dunkel. Sie hatten alle den selben Gedanken: Jesus ist tot. Er kommt nie wieder. Alles Schöne ist vorbei.
Als sie an die Grabstelle kamen, fanden sie den Leichnam Jesu nicht. Während sie ratlos dastanden, sahen sie auf der rechten Seite einen jungen Mann sitzen, der mit einem weißen Gewand bekleidet war.

Er war groß, lächelte sie an und sprach: Ihr sucht Jesus von Nazaret, den Gekreuzigten. Er ist nicht hier. Er ist auferstanden. Ihr braucht nicht mehr traurig zu sein. Ihr könnt euch freuen. Jesus lebt. Er hat das Böse besiegt.

Das dunkle Kreuz ist also nicht das letzte. Das Kreuz der Trauer wird ein Kreuz der Freude.

Lied: Wir preisen deinen Tod, wir glauben, dass du lebst

Das Kreuz beginnt zu strahlen in der Osterfreude.
Für uns ist es ein Siegeszeichen geworden.
Wir freuen uns, dass Jesus lebt.

Und weil er gesagt hat, dass er immer bei uns ist, können wir voll Freude das Schlusslied singen.

Lied: Wo zwei oder drei

Voll Freude können wir jetzt das Kreuzzeichen machen. Denn wir wissen: Durch das Kreuz wird alles gut.

Wir freuen uns auf das kommende Osterfest. Nächste Woche wollen wir in der Kirche und zu Hause den Tod und die Auferstehung Jesu feiern.

(Segen mit bewusstem Kreuzzeichen.)

Was uns die Schmetterlinge über die Auferstehung sagen können

Vorbereitungen

- *Osterstrauß, Osternest und Oster-
  eier irgendwo in der Kirche;*
- *Die Kirche ist mit Schmetterlingen
  geschmückt. (Jedes Kind hat einen
  Schmetterling ausgemalt, ausge-
  schnitten und aufgeklebt.)*
- *Dias oder Farbfolien von Raupe,
  Puppe, Schmetterling;*
- *Lied: Jesus lebt. (s. Anhang S. 198)*

(Beim Hereingehen legen die Kinder ihr Fastenopfer in einen Korb.)

Eingangslied: Liebte Gott, der Herr, uns nicht

Einführung

Liebe Kinder, liebe Lehrerinnen und Lehrer, endlich ist es so weit. Wir kommen hier in die Kirche um zu feiern und zu beten. Wir freuen uns über die Osterferien. Wir freuen uns auf das Osterfest. Wir feiern an Ostern, dass Jesus auferstanden ist. Für diesen Gottesdienst haben wir die Kirche mit vielen Schmetterlingen geschmückt. Ihr selbst habt Schmetterlinge gemalt, die wir hier in der Kirche aufgehängt haben. Überall sind an Ostern Osternester, Ostereier, Osterlämmer und Osterhasen zu sehen. Wir haben aber entdeckt, dass auch Schmetterlinge uns etwas über die Auferstehung sagen können.

Kyrie

(1) Herr Jesus Christus, du bist auferstanden.
    Du verwandelst traurige zu frohen Menschen.
    Kyrie eleison.
(2) Herr Jesus Christus, du bist auferstanden.
    Du verwandelst Kranke zu Gesunden.
    Christe eleison.

(3) Herr Jesus Christus, du bist auferstanden.
Du verwandelst die Toten zu Lebenden.
Kyrie eleison.

Tagesgebet

Guter Gott, voll Freude sind wir zusammen gekommen, um uns auf das große Osterfest vorzubereiten. Wir wollen über die Auferstehung nachdenken. Lass uns durch dein Wort dieses Geheimnis immer besser verstehen. Darum bitten wir durch Jesus Christus, unseren Herrn. Amen.

Lesung *(1 Kor 15,35-38.42-44.51)*

Lesung aus dem Brief an die Korinther

Nun könnte einer fragen: Wie werden die Toten auferweckt? Was für einen Leib werden sie haben? Was für eine törichte Frage! Wenn ihr einen Samen aussät, muss er zuerst sterben, damit die Pflanze leben kann. Ihr sät nicht die ausgewachsene Pflanze, sondern nur den Samen, ein Weizenkorn oder irgendein anderes Korn. Gott gibt ihm die Gestalt, die er vorgesehen hat, jedem Samen eine andere. So ist es auch mit der Auferstehung der Toten.
Was gesät wird, ist verweslich, was auferweckt wird, unverweslich. Was gesät wird, ist armselig, was auferweckt wird, herrlich. Was gesät wird, ist schwach, was auferweckt wird, ist stark. Gesät wird ein irdischer Leib, auferweckt ein überirdischer Leib. Wenn es einen irdischen Leib gibt, gibt es auch einen überirdischen. Seht, ich enthülle euch ein Geheimnis: Wir werden nicht alle entschlafen, aber wir werden alle verwandelt werden.

Evangelium *(Mk 16,1-7)*

Aus dem heiligen Evangelium nach Markus

Als der Sabbat vorüber war, kauften Maria aus Magdala, Maria, die Mutter des Jakobus, und Salome wohlriechende Öle, um damit zum Grab zu gehen und Jesus zu salben. Am ersten Tag der Woche kamen sie in aller Frühe zum Grab, als eben die Sonne aufging. Sie sagten zueinander: Wer könnte uns den Stein vom Eingang des Grabes wegwälzen? Doch als sie hinblickten, sahen sie, daß der Stein schon weggewälzt war; er war sehr groß.

Sie gingen in das Grab hinein und sahen auf der rechten Seite einen jungen Mann sitzen, der mit einem weißen Gewand bekleidet war; da erschraken sie sehr.
Er aber sagte zu ihnen: Erschreckt nicht! Ihr sucht Jesus von Nazaret, den Gekreuzigten. Er ist auferstanden; er ist nicht hier. Seht, da ist die Stelle, wo man ihn hingelegt hatte. Nun aber geht und sagt seinen Jüngern, vor allem Petrus: Er geht euch voraus nach Galiläa; dort werdet ihr ihn sehen, wie er es euch gesagt hat.

Predigtteil

Der Engel sagte: Jesus ist auferstanden. Die Frauen waren voller Freude und wollten es jedem erzählen. Aber viele haben gesagt: Tot ist tot. Wir haben doch gesehen, dass er tot ist. Alles andere ist Geschwätz.
Auch heute gibt es viele Menschen, die sagen: Tot ist tot. Wir haben doch gesehen, dass er tot ist. Alles andere ist Geschwätz.
Dazu wollen wir uns die Geschichte des Schmetterlings anhören.

Claudias Raupe

Eines Tages spielte Claudia im Garten. Da entdeckte sie eine kleine, schwarze Raupe mit winzigen, gelben Punkten. „Iiiihh", schrie sie, „ist die eklig!" Ihr großer Bruder Michael, der dazu kam, sagte: „Aber nein, die ist ganz harmlos. Komm, wir suchen einen Behälter für sie. Du kannst sie dann mit Brennnesseln füttern."
Begeistert lief Claudia ins Haus und holte ein großes Marmeladenglas. Vorsichtig brach der Bruder einen Brennnesselstängel ab, legte ihn in das Glas und setzte das Tierchen dazu. Über die Öffnung kam ein Stück Seidenstrumpf mit Gummiband. „Damit sie genug Luft bekommt", sagte Michael.
Jeden Tag holte Claudia ihrer Raupe frische Brennnesseln und sie beobachtete, wie ihr Tierchen immer dicker wurde. Eines Morgens suchte Claudia ihre Raupe vergeblich. Als sie das Glas immer wieder drehte, sah sie plötzlich ein komisches braunes Gebilde an einem Stängel hängen, wie ein zusammengerolltes, totes Blatt. Darunter ein paar schwarze Stückchen von ihrer Raupe – klein und vertrocknet.
Sie fing laut an zu weinen und schrie: „Meine Raupe ist tot, meine liebe Raupe!"
Michael kam herein und tröstete sie.

„Schau", sagte er, „das, was du siehst, ist nur eine Hülle, so wie eine Haut. Was in der Raupe lebendig war, ist hier drin.", und er zeigte auf das komische braune Ding. „Aber es ist tot, es bewegt sich doch nicht", weinte das Mädchen. „Es sieht nur so aus", sagte Michael geheimnisvoll. „Habe nur etwas Geduld und du wirst etwas Wunderbares erleben." Das braune, tote Ding platzte auf und zitternd kroch ein Schmetterling heraus. Seine Flügel waren klein und schrumpelig. Ganz aufgeregt beobachtete Claudia, wie er sie langsam entfaltete und auf und ab bewegte. Er war so wunderschön, dass sie sich gar nicht satt sehen konnte. Doch dann nahm sie den Strumpf vom Glas, öffnete das Fenster und der schöne bunte Schmetterling flatterte hinaus in den hellen Sonnenschein. Lange sah sie ihm nach und fühlte sich unendlich glücklich.

An Ostern dürfen wir auch alle sehr glücklich sein. Jesus war tot und wurde begraben, aber er ist auferstanden und lebt. Aus scheinbar Totem kommt Leben – wie bei Claudias Schmetterling.

Immer wenn ich jetzt einen Schmetterling sehe, denke ich daran, dass aus Totgeglaubtem etwas Lebendiges werden kann. Das ist eine richtige Ostererfahrung. Aus scheinbar Totem kommt Leben. Deshalb haben wir heute an Ostern überall Schmetterlinge aufgehängt. Jesus war tot und wurde begraben, aber er ist auferstanden und lebt.

Lied: Wir preisen deinen Tod

(Sprecher nimmt ein Osterei in die Hand:)
Das zeigt uns auch ein Ei, das sich nicht bewegen kann, bis es bricht und ein Küken herauskommt. Deshalb wurde das Ei so ein wichtiges Ostersymbol. Aus scheinbar Totem kommt Leben.
(Geht zum Osterstrauß.)
Auch die kahlen Zweige der Bäume und Sträucher werden jetzt wieder grün. Deshalb feiern wir Ostern im Frühling, wenn alles zu grünen und zu blühen beginnt. Aus scheinbar Totem kommt Leben.

Fürbitten

Guter Gott, du schenkst uns neues Leben. Wir bitten dich:

(1) Viele Menschen haben keine Hoffnung und wissen nicht mehr weiter.
    Schenke neues Leben.
    Alle: Schenke neues Leben.

(2) Viele Menschen sind traurig und allein.
    Schenke neues Leben.
(3) Viele Menschen sind krank und haben Schmerzen.
    Schenke neues Leben.
(4) Viele Menschen haben Angst und trauen sich nichts mehr.
    Schenke neues Leben.
(5) Viele Menschen reden nicht mehr miteinander.
    Schenke neues Leben.
(Korb mit Fastenopfer wird nach vorne getragen.)
(6) Viele Kinder in … müssen auf der Straße leben. Sie brauchen
    unsere Hilfe. Wir haben deshalb in der Fastenzeit Geld für sie
    gesammelt.
    Schenke neues Leben.

Denn du bist der Gott des Lebens und der Freude. Wir vertrauen auf dich
durch Jesus Christus, unseren Herrn. Amen.

Gabengebet

Guter Gott, du kannst scheinbar Totes zum Leben erwecken. Du lässt die
Pflanzen wachsen und die Blumen blühen. Aus dem leblosen Ei kommt
ein kleines Küken und aus dem starren Kokon schlüpft ein Schmetterling. Wir bringen Brot und Wein, du heiligst diese Gaben. Wir loben und
preisen dich durch Jesus Christus, unseren Herrn. Amen.

Schlussgebet

Guter Gott, du kannst Totes zum Leben erwecken. Die Welt ist voller
Leben. Wir freuen uns, dass Jesus lebt und dass wir mit ihm leben dürfen. Verwandle auch uns zu Menschen, die Freude und Leben schenken
durch Jesus Christus, unseren Herrn. Amen.

Was uns das Osterei über die Auferstehung sagen kann

Vorbereitung

- *Osterstrauß mit bunten Eiern;*
- *Osternest mit bunten Eiern;*
- *Bild: Maria Magdalene zeigt dem Kaiser ein Ei;*
- *Dia oder Folienbild: Küken, das aus dem Ei ausschlüpft.*

Einführung

Liebe Kinder, liebe Christen, heute feiern wir das größte Fest im Jahr. Wir feiern Ostern. Jesus lebt. Viele haben schon Ostereier bunt bemalt und gefärbt. Auch hier an unserem Altar sind sehr viele Ostereier. Bunte Eier gehören zu Ostern. Was haben sie mit Ostern zu tun? Von ihnen können wir nichts in der Bibel lesen. Da steht kein Wort von Ostereiern. Und dennoch hat es Sinn.

Kyrie

(1) Herr Jesus Christus, du bist für uns gestorben.
    Kyrie eleison.
(2) Herr Jesus Christus, du bist für uns auferstanden.
    Christe eleison.
(3) Herr Jesus Christus, du hast den Tod besiegt.
    Kyrie eleison.

Tagesgebet

Allmächtiger Gott, dein Sohn Jesus ist von den Toten auferstanden. Dieses Wunder wollen wir miteinander feiern. Wir dürfen als neue Menschen leben und dein Wort stärkt uns in diesem Leben. Dafür danken wir durch Christus Jesus, unsern Herrn. Amen.

Lesung *(Röm 6,3-4)*

Lesung aus dem Brief des Apostels Paulus an die Römer

Wisst ihr denn nicht, dass wir alle, die wir auf Christus Jesus getauft wurden, auf seinen Tod getauft worden sind? Wir wurden mit ihm begraben durch die Taufe auf den Tod. Und wie Christus durch die Herrlichkeit des Vaters von den Toten auferweckt wurde, so sollen auch wir als neue Menschen leben.

Evangelium *(Mt 28,1-8)*

Aus dem heiligen Evangelium nach Matthäus

Nach dem Sabbat kamen in der Morgendämmerung des ersten Tages der Woche Maria aus Magdala und die andere Maria, um nach dem Grab zu sehen. Plötzlich entstand ein gewaltiges Erdbeben; denn ein Engel des Herrn kam vom Himmel herab, trat an das Grab, wälzte den Stein weg und setzte sich darauf. Seine Gestalt leuchtete wie ein Blitz, und sein Gewand war weiß wie Schnee. Die Wächter begannen vor Angst zu zittern und fielen wie tot zu Boden. Der Engel aber sagte zu den Frauen: Fürchtet euch nicht! Ich weiß, ihr sucht Jesus, den Gekreuzigten. Er ist nicht hier; denn er ist auferstanden, wie er gesagt hat. Kommt her und seht euch die Stelle an, wo er lag. Dann geht schnell zu seinen Jüngern und sagt ihnen: Er ist von den Toten auferstanden. Er geht euch voraus nach Galiläa, dort werdet ihr ihn sehen. Ich habe es euch gesagt. Sogleich verließen sie das Grab und eilten voll Furcht und großer Freude zu seinen Jüngern, um ihnen die Botschaft zu verkünden.

Predigtteil *(mit Osterei in der Hand)*

Liebe Kinder, liebe Christen, wir feiern heute die Auferstehung Jesu und mit ihm die Auferstehung vom Tod. Das ist nicht selbstverständlich. Viele Menschen denken heute: Mit dem Tod ist alles aus. Ein neues Leben nach dem Tod kann es nicht geben. Der Körper lebt ja nicht mehr.
Dazu möchte ich euch eine ganz alte Legende erzählen:
Vor langer Zeit hat auch ein großer römischer Kaiser gedacht: „Ein lebloser Körper kann nicht mehr auferstehen!" Er lachte die Christen aus, die von Auferstehung sprachen. Maria Magdalena aber, die an Jesus und die Auferstehung glaubte, hatte eine Idee. Sie trat vor den Kaiser und zeigte ihm ein beinahe ausgebrütetes Ei. Sie sagte: "Sieh diesen Stein!

Nie würdest du glauben, dass aus totem Stein neues Leben wird" Dann
zerschlug sie vorsichtig die Eierschale und ein Küken schlüpfte heraus:
Zeichen des Lebens. Ein Bild im Kloster der Russischen Schwestern in
Jerusalem erzählt von dieser Geschichte.
(Legende erzählt nach: Hoffsümmer Willi, Kurzgeschichten 2.)

(Sprecher zeigt ein Ei:)
So ein kleines Ei ist ein großes Wunder. Es ist hart. Es bewegt sich nicht.
Es schaut so leblos aus wie ein Stein. Unter Steinen würde es gar nicht
auffallen.
(Dia oder Folienbild: Küken schlüpft aus dem Ei.)

Die Menschen haben es schon immer bestaunt. Denn es ist nicht so leblos wie es scheint. Aus einem Ei kann ein Küken ausschlüpfen und neues Leben beginnt. Aus scheinbar Totem entsteht neues Leben. Jesus war tot. Der tote Jesus ist auferstanden und Gott schenkt auch uns immer wieder neues Leben:

– Leben, das allen Freude macht
– Leben, das wächst und gedeiht
– Leben, das uns zum Staunen bringt.

Jetzt wissen wir auch, warum Ostereier in unserer Kirche sind. Aus scheinbar Totem entsteht neues Leben. Das ist auch das Wunder, das wir an Ostern feiern.

Fürbitten

Allmächtiger Gott, durch den Tod und die Auferstehung deines Sohnes Jesus Christus hast du die Welt erlöst. Höre unser Gebet:

(1) Wir beten für alle Menschen, die traurig sind, weil ein Mensch verstorben ist.

(2) Wir beten für alle Menschen, die traurig sind, weil sie krank sind und im Bett liegen.

(3) Wir beten für alle Menschen, die traurig sind, weil sie keine Heimat haben.

(4) Wir beten für alle Menschen, die traurig sind, weil ihnen Angst gemacht wird.

(5) Wir beten für alle Menschen, die verstorben sind und uns verlassen haben.

Durch deine Botschaft, guter Gott, kannst du alle froh machen und schenkst immer wieder neues Leben durch Jesus Christus, unseren Herrn. Amen.

Gabengebet

Starker Gott, dein Sohn Jesus ist auferstanden und hat den Tod besiegt. Du schenkst immer wieder neues Leben. Nimm unsere Gaben an als Zeichen unseres Lebens durch Jesus Christus, unseren Herrn. Amen.

Schlussgebet

Guter Gott, Jesus ist aus dem Grab auferstanden. Das macht uns froh und glücklich, denn mit ihm dürfen auch wir ewig leben. Dafür danken wir durch Jesus Christus, unseren Herrn. Amen.

Der Heilige Geist bringt unser Leben in Schwung

Pfingsten

Vorbereitungen

- *einige große bunte Windräder;*
- *Windräder für die Kinder;*
- *drei Schilder (sie stecken wie ein Windrad auf einem Holzstab):*
  Aufschrift auf der grauen Vorderseite: Langeweile, Einsamkeit, Angst
  Aufschrift auf der farbigen Rückseite (rot, orange, gelb): Bewegung, Schwung, Leben.

Einführung

Wir feiern heute ein großes Fest. Es ist das Pfingstfest. Pfingsten ist das Fest des Heiligen Geistes und dieser Geist macht uns stark. Was das bedeutet, wollen wir heute hören. Wir wollen dieses Fest beginnen und grüßen Jesus Christus.

Kyrie

(1) Herr Jesus Christus, du bist auferstanden von den Toten.
    Herr, erbarme dich.
(2) Herr Jesus Christus, du bist in den Himmel aufgefahren.
    Christus, erbarme dich.
(3) Herr Jesus Christus, du sendest uns den Heiligen Geist.-
    Herr, erbarme dich.

Tagesgebet

Barmherziger Gott, du willst in unserer Mitte sein. Du schickst uns deinen Geist. Der macht uns stark. Dein Geist lässt uns dein Wort verstehen. Dafür danken wir durch Jesus Christus, unseren Herrn. Amen.

Spielszene 1

Sprecher:
Drei Kinder werden jetzt zu uns kommen. Denen geht es nicht gut. Wir wollen hören, was mit ihnen los ist.

(Drei Kinder kommen mit einem Schild in der Hand und sprechen:)
(1) *Kind mit grauem Schild* Langeweile:
Oft wissen wir nicht, was wir tun sollen. Es ist richtig langweilig und tot.
(2) *Kind mit grauem Schild* Einsamkeit:
Manchmal fühle ich mich einsam und allein. Dann werde ich richtig traurig.
(3) *Kind mit grauem Schild* Angst:
Wenn ich Angst habe, werde ich still und sitze da wie gelähmt.

Sprecher:
So wie es diesen Kindern geht, wird es wohl den Freundinnen und Freunden Jesu ergangen sein. Nachdem Jesus von ihnen gegangen ist, sperren sie sich ein und sitzen bewegungslos da. Da geht nichts mehr weiter. Ohne Jesus sind sie allein und haben Angst. Wir hören, was damals passiert ist.

Lesung *(frei nach Apg 2,1-4)*

Wir hören die Pfingstgeschichte nach der Apostelgeschichte.

Es ist Pfingsten.
Die Freunde Jesu sitzen beisammen.
Türen und Fenster sind verschlossen.
Alles ist dunkel.
Die Freunde Jesu haben Angst,
weil Jesus nicht mehr da ist.
Sie sind traurig,
weil Jesus zum Vater heimgekehrt ist.
Sie fühlen sich allein,
darum halten sie einander fest.
So sitzen die Freunde Jesu da und warten.
Schweren Herzens sitzen sie da.
Sie denken an Jesus, der versprochen hatte:
Ich lasse euch nicht allein!

Wenn ich beim Vater bin,
schicke ich einen, der euch tröstet,
der euch Mut macht,
der euch Kraft und Freude schenkt.
Das ist der Heilige Geist.
Sie sitzen da und warten.

Auf einmal ist das Haus mit Brausen erfüllt.
Es ist, wie wenn ein Sturm weht,
ein Sturm, der alles hinwegfegt:
auch die Angst und die Traurigkeit.

Es ist nicht nur wie Sturmesbrausen.
Es ist, als wäre das Haus von hellem Feuer erfüllt;
von einem Feuer das das Dunkle hinwegbrennt,
das durch alles hindurchleuchtet,
durch Türen, Fenster und Mauern.
Ein Feuer, das die Gesichter der Menschen hell macht.

Die Menschen im Haus werden mit Freude erfüllt.
Sie fühlen Kraft und Mut.
Angst und Traurigkeit sind weg.
Sie spüren: Gott ist in uns!
Der Heilige Geist ist in uns.
Die Freunde öffnen nun ihr Haus,
die Fenster,
die Türen.
Sie gehen hinaus zu den Menschen
und erzählen ihnen voll Freude von Gott.

Evangelium *(Joh 20,19-22)*

Predigtteil

Jetzt haben wir zwei Geschichten gehört, wie die Jünger den Heiligen Geist erfahren haben. Erst waren sie wie gelähmt und es regte sich nichts. Sie wussten nicht, was zu tun ist. Sie waren traurig. Sie hatten Angst und sperrten sich ein. Aber sobald der Geist Gottes kam, kamen sie in Bewegung. Mit Freude und Mut gingen sie hinaus in die Welt und verkündeten die Botschaft.

Den Geist kann man zwar nicht sehen, aber er bringt uns in Bewegung. Niemand hat den Geist wirklich gesehen. Aber jeder hat ihn gespürt. Das ist ein großes Geheimnis. Damit wir das besser verstehen können, haben wir etwas mitgebracht.

(Sprecher nimmt ein großes Windrad in die Hand. Viele kleine Windräder werden gebracht.)
Ihr wisst, was passiert, wenn ich das Windrad anblase. *(Windrad anblasen, sodass es sich bewegt.)* Wir sehen den Wind nicht, aber wir sehen, wie sich alles mit dem Wind bewegt. Und so ist es auch mit dem Geist. Der Geist Gottes ist unsichtbar wie der Wind. Aber der Geist Gottes bringt uns in Bewegung. So können auch wir uns verändern, wenn wir uns für den Heiligen Geist öffnen.
(Windräder werden durch Anblasen bewegt.)
Die bunten Windräder können uns zeigen, wie schön das ist. Der Geist Gottes kann auch unser Leben so schön machen, so bunt und so lebendig. Was das bedeutet, können uns die Kinder sagen.

Spielszene 2

(1) *Kind dreht das Schild Langeweile um → rotes Schild* Bewegung
Jetzt habe ich eine Idee. Ich bin begeistert. Ich weiß, dass wir miteinander etwas unternehmen können. So bewegt sich viel in unserem Leben.

(2) *Kind dreht das Schild Einsamkeit um → oranges Schild* Schwung
Ich bin froh. Ich suche mir Freunde. Dann kommt Schwung in mein Leben.

(3) *Kind dreht das Schild Angst um → gelbes Schild* Leben
Gottes Geist gibt mir Mut und Kraft. Ich traue mir vieles zu. Da spüre ich wieder Leben.

Fürbitten

Guter Gott, durch den Heiligen Geist bringst du Bewegung und Schwung in unser Leben.
(Kinder sprechen mit Windrad in der Hand.)

(1) Wir beten für alle Menschen, denen es langweilig ist, weil sich nichts rührt.
Herr, sende deinen guten Geist.
Alle: Herr, sende deinen guten Geist.

(2) Wir beten für alle Menschen, die einsam und traurig sind.
Herr, sende deinen guten Geist.

(3) Wir beten für alle kranken Menschen, die ans Bett gefesselt sind.
Herr, sende deinen guten Geist.

(4) Wir beten für alle Gefangenen im Gefängnis, die sich nicht frei
bewegen können.
Herr, sende deinen guten Geist.

(5) Wir beten für alle Menschen, die Angst haben und sich nichts
zutrauen.
Herr, sende deinen guten Geist.

Darum bitten wir durch Jesus Christus, der in der Einheit des Heiligen
Geistes mit dir lebt und wirkt in Ewigkeit. Amen.

Gabengebet

Allmächtiger Gott, sende deinen Geist auf uns herab und heilige uns. Er
gibt uns Mut und Kraft. Wir wollen dir dafür immer danken durch Jesus
Christus, unseren Herrn. Amen.

Vor dem Schlussgebet

Ein Windrad ist bunt und schön. Große und Kleine mögen es, wenn sie vom Wind oder dem eigenen Atem bewegt werden. Ein Windrad kann uns auch etwas Wich- tiges über den Heiligen Geist sagen: Wir sehen den Wind nicht, aber wir sehen, wie sich alles mit dem Wind bewegt. Und so ist es auch mit dem Geist. Der Heilige Geist bringt Leben und Bewegung und Freude in unser Leben. Er bewegt uns so wie der Wind das Windrad bewegt. Deshalb dürfen sich heute alle Kinder so ein Windrad mit nach Hause nehmen.

Schlussgebet

Guter Vater im Himmel, du hast uns wieder gestärkt mit Brot und Wein. Du sorgst für uns auch in diesen Tagen mit dem Heiligen Geist, der mit dir und deinem Sohn lebt und herrscht jetzt und alle Tage unseres Lebens. Amen.

TAUFE EINES KINDES

Gott ruft uns bei unserem Namen

Vorbereitungen

- *großer, grüner Stoff als Wiese;*
- *Blüten aus buntem Papier, die an die Kinder verteilt werden und auf die die Kinder ihren Namen schreiben;*
- *Stifte;*
- *Spielhaus;*
- *Puppe;*
- *Teddybär;*
- *Taufkerze;*
- *Kinderbibel;*
- *Lied: Ich habe einen Namen (s. Anhang S. 200 f.).*

Einführung

Liebe Kinder, liebe Christen, in unserem Gottesdienst wird heute ein Kind getauft. Der kleine Bub soll den Namen NN. tragen und als Christ zu uns gehören. Jeder von uns hat einen Namen, wir können uns mit dem Namen ansprechen und beim Namen rufen. Jeder von uns ist einzigartig und einmalig und wertvoll. Darum habt ihr euren Namen auf eine Blüte geschrieben.

Ihr dürft nun eure Blüte nach vorne bringen und auf unsere Wiese legen. Das soll eine wunderschöne Blumenwiese in Gottes Garten werden. Jeder von uns ist eine schöne und wertvolle Blüte, die bei Gott blüht.

Gott ruft uns beim Namen. Wir sind getauft und haben den Namen Christi bekommen.

Kyrie

Wir grüßen Jesus in unserer Mitte

(1) Herr Jesus, durch die Taufe gehören wir zu dir. Wir sind deine Freunde geworden.
Kyrie eleison.

(2) Herr Jesus, durch die Taufe haben wir deinen Namen bekommen. Wir sind Christen.
Christe eleison.

(3) Herr, Jesus, durch die Taufe gehören wir zusammen und sind miteinander verbunden.
Kyrie eleison

Tagesgebet

Lieber Gott, du hast uns zu deinen Freunden gemacht. Du willst, dass deine Freunde immer mehr werden, so dass wir eine große Familie vor dir sind. Steh uns bei und hilf uns, dass unser Leben gelingt durch Jesus Christus, deinen Sohn, unseren Herrn. Amen.

Lesung *(Jes 43,1-5)*

Lesung aus dem Buch Jesaja

Gott, der Herr, der dich geschaffen und ins Leben gerufen hat, Volk Israel, sagt zu dir: „Fürchte dich nicht, denn ich habe dich befreit! Ich habe dich beim Namen gerufen, du gehörst jetzt zu mir. Wenn du durch tiefes Wasser musst, bin ich bei dir. In keiner Gefahr wirst du untergehen. Wenn du durchs Feuer gehst, versengt es dich nicht. Keine Bedrohung kann dir etwas anhaben. Denn ich, der Herr, bin dein Gott. Ich, der heilige Gott Israels, rette dich. Ganze Länder und Völker gebe ich für dich hin, weil du in meinen Augen teuer und wertvoll bist und weil ich dich liebe. Fürchte dich nicht, denn ich bin bei dir!"

Evangelium *(Lk 18,15-17 oder Evangelium des Sonntags)*

TAUFE

anschließend **Lied:** Er heißt NN. und er ist getauft *(s. Anhang S. 200 f.)*

Predigtteil

Es gibt viele verschiedene Blumen. Jede Blume ist einzigartig und jede Blume ist für sich schön. Viele Blumen geben miteinander eine wunderschöne Blumenwiese.
So ist es auch mit uns. Gott hat uns wunderbar, einmalig und ganz unterschiedlich erschaffen. Er will uns alle auf einer großen Wiese sehen. Und jede Blume, die dazukommt, freut ihn und uns. Auch NN. können wir als wunderschöne Blume sehen, die nun zu Gottes Blumenwiese gehört.
(Nun wird die Blume mit dem Namen des Täuflings zu den anderen Blumen geheftet.)

Fürbitten

Gott, du sorgst für uns und liebst uns. Du willst, dass es dem kleinen NN. gut geht. Deshalb beten wir:

(1) *Kind mit Spielhaus:*
Wir wünschen NN. ein Zuhause und Menschen, die ihm Liebe, Zeit und Geduld schenken.

(2) *Kind mit Teddybär:*
Wir wünschen NN. Geborgenheit und dass er sich ankuscheln kann, wenn er Angst hat.

(3) *Kind mit Puppe:*
Wir wünschen NN., dass er immer gute Freunde und Spielkameraden findet.

(4) *Kind mit Kinderbibel:*
Wir wünschen NN., dass er dich und Jesus kennen lernt, dass er Freude und Hilfe im Glauben erfährt und sich in unserer Gemeinschaft der Christen wohlfühlt.

(5) *Kind mit Taufkerze:*
Wir wünschen NN. viel Freude und Licht in seinem Leben.

Guter Gott, wir wissen, du liebst alle Kinder. Deshalb bitten wir, dass sie alle deine Liebe erfahren durch Jesus Christus, unseren Herrn. Amen.

Gabengebet

Gott, unser Vater, du hast uns lieb. In deinen Augen sind wir teuer und wertvoll. Du kennst uns und rufst uns bei unserem Namen. Wir bringen dir unsere Gaben Brot und Wein. Verwandle uns durch diese Gaben in Menschen, die miteinander verbunden sind durch Jesus Christus, unseren Herrn. Amen.

Schlussgebet

Gott, du bist gut zu uns. Wir freuen uns, denn du kennst uns alle beim Namen. Wir bitten dich, schenke NN. Freude im Leben und im Glauben durch Jesus Christus, unseren Herrn. Amen.

FEIERN ZUR EINFÜHRUNG
IN DEN GLAUBEN

Während meist nur in der dritten Klasse mit großem Aufwand die Erst-
kommunion gefeiert wird, bietet es sich nach theologischen Überlegun-
gen und religionspädagogischen Erfahrungen an, dass die Kinder schritt-
weise in die Gemeinschaft der Christen hineingeführt werden und so
immer wieder den Bezug zur Gemeinde finden.

Kinder spüren: Mit jedem Jahr bin ich einen Schritt weiter in meinem
Glauben.

Für die Gemeinde ist es wichtig, zu merken, dass wieder Kinder und
junge Leute in ihre Gemeinschaft und ihren Glauben hineinwachsen. Sie
ist gemeinsam mit den Eltern für dieses Hineinwachsen verantwortlich,
muss es ermöglichen und fördern.

Im schulischen Religionsunterricht kann ein Teil der Vorbereitung darauf
erfolgen. Alle Feiern zur Einführung in den Glauben können also eine
gute Verbindung von Elternhaus, Schule und Gemeinde darstellen. Die
Erstkommunion ist somit nicht das einzige wichtige religiöse Ereignis in
der Grundschulzeit.

Im ersten Schuljahr steht das Vaterunser-Gebet im Mittelpunkt. Das
Gebet wird als Möglichkeit erfahren, sich Gott gegenüber auszudrücken
und mit ihm ins Gespräch zu kommen. Außerdem ist gerade das Vater-
unser das verbindende Gebet aller Christen.

Im zweiten Schuljahr bietet sich eine Tauferneuerungsfeier an, da sich die
meisten Kinder in diesem Schuljahr laut Lehrplan mit dem Thema Taufe
auseinanderzusetzen haben. Die Erinnerung an dieses Sakrament kann
schon im Hinblick auf die Erstkommunion erfolgen.

Die Erstkommunionfeier im dritten Schuljahr soll sich mit den wichtig-
sten Aussagen und Symbolen der Eucharistiefeier beschäftigen. Den
zahlreichen Vorlagen zu diesem Thema fügen wir einen Vorschlag hinzu,
in dem vor allem der Dank als Thema jeder Eucharistie zugrunde liegt.

Das Ende des vierten Jahrgangs ist in der Regel auch das Ende der
Grundschulzeit. Demnach liegt es nahe, diesen für alle Kinder so wichti-
gen Lebensabschnitt direkt zum Thema zu machen.

Vaterunser-Übergabe
(1. Klasse)[1]

Vorüberlegungen

Dieser Gottesdienst soll der erste Teil der schrittweisen bewussten Einführung in die Gemeinschaft der Gläubigen sein. Ziel ist es, den Schülerinnen und Schülern zu vermitteln, dass sie immer mehr fähig werden, mit Gott in Beziehung zu treten durch die Gebete, die erlernt und geübt werden. Gerade in der ersten Klasse gebrauchen Kinder die Sprache bewusster und erlernen neue Sprachmuster. In dieser Feier der „Übergabe des Vaterunsers" wird das Gebet als Kostbarkeit des Christentums und das Gebet als Gespräch mit Gott in den Mittelpunkt gestellt. Gerade am Vaterunser wird vieles deutlich: Ein bekanntes Formelgebet verbindet alle Christen untereinander. Durch ein Erwachsenengebet können die Kinder deutlich einen Fortschritt in ihrem religiösen Leben erfahren. In jedem Gottesdienst können sie das Vaterunser wieder mitbeten. In Rücksichtnahme auf das Alter und die geistige Entwicklung verzichten wir darauf, inhaltlich auf das Vaterunser einzugehen. Diese inhaltliche Auseinandersetzung kann wiederum der Religionsunterricht gut leisten.

Entwurf eines Briefes an die Eltern

Liebe Eltern!

Ihr Kind ist vor kurzer Zeit in die Schule gekommen und hat damit einen neuen wichtigen Abschnitt seines Lebens begonnen. Sie haben Ihr Kind taufen lassen und ihm von Gott erzählt. Nun nimmt es auch am katholischen Religionsunterricht teil. Es kann so als Schulkind immer mehr Gott und unseren Glauben kennenlernen. Gerade der Religionsunterricht gibt hier viele Anregungen.

Kinder sind für jede Gemeinde wichtig und eine große Freude. Wir bemühen uns deshalb auch immer wieder, die Kinder besonders anzusprechen und sie am Gemeindeleben der Pfarrei St. NN. zu beteiligen. Wir freuen uns, dass Ihr Schulkind nun immer mehr in unsere Gemein-

---

[1] Siehe zum Thema Vaterunser auch: Dinzinger/Ehlen, Freut euch alle, 17. Sonntag im Jahreskreis.

schaft hineinwächst und im Religionsunterricht viel von Gottes Liebe erfährt.

Dies wollen wir im

Familiengottesdienst
am Sonntag, _____
um _____ Uhr

feiern. Die Schulanfänger der Pfarrei St. NN sind herzlich eingeladen, an diesem Tag feierlich in die Kirche einzuziehen und den Gottesdienst mitzugestalten. Als Zeichen ihrer neuen Würde und Aufgabe wird ihnen während des Gottesdienstes das Vaterunser überreicht. Die Vorbereitung findet im Religionsunterricht der Schule statt. Dort werden die Kinder alle weiteren Informationen erhalten.

Vorbereitung

- *Die Vorbereitung findet im Rahmen des Religionsunterrichtes statt.*
- *Brief an die Eltern (siehe oben);*
- *Einladungen an Eltern, Paten, Lehrer;*
- *evtl. Elternabend zur thematischen Vorbereitung;*
- *der Ablauf sollte mit den Kindern in der Kirche geprobt werden;*
- *auch ein Vertreter des Pfarrgemeinderates sollte anwesend sein und Aufgaben übernehmen;*
- *5 gemalte Bilder oder Gegenstände zu den Sätzen, die die Kinder sprechen: Globus, Blumenstrauß, Eltern, Schultasche, Jesus-Ikone oder Kreuz;*
- *schön gestalteter, gedruckter Text des Vaterunsers für jedes Kind;*
- *die Kinder der ersten Klasse treffen sich außerhalb der Kirche und ziehen mit dem Priester und dem Liturgischen Dienst in die Kirche ein;*

Einführung

Liebe Gemeinde, heute feiern wir wie jeden Sonntag Eucharistie. Diesmal begrüßen wir besonders die Kinder der 1. Klasse sowie ihre Eltern, Großeltern, Verwandte und Freunde.

Diese Kinder sind erst vor kurzem in die Schule gekommen und nehmen seither am Religionsunterricht teil. Es sind die Kinder dieser Gemeinde, die zu uns gehören und die Zukunft der Kirche sind. Wir wollen alle dazu beitragen, dass sie mündige Mitglieder unserer Gemeinschaft werden.

Sie sind wieder einen Schritt weitergekommen auf dem Weg ihres Glaubens. Durch ein Schuljahr hindurch sind sie auch im persönlichen Gebet gewachsen. Aus diesem Anlass wird ihnen in diesem Gottesdienst feierlich das berühmteste Gebet aller Christen, das Vaterunser überreicht. So wollen wir Gott danken.

Lobpreis *(anstelle des Kyrie)*

Die Erstklässler sprechen ihren Dank stellvertretend für uns alle aus:

(1) *(Kind mit Globus)*
Gott, du hast die ganze Welt geschaffen. Guter Gott, wir danken dir.

Alle Kinder: Guter Gott, wir danken dir.

(2) *(Kind mit Blumenstrauß)*
Danke für die Natur. Guter Gott, wir danken dir.

(3) *(Kind mit Bild von Eltern)*
Gott, du hast uns Eltern gegeben. Guter Gott, wir danken dir.

(4) *(Kind mit Schultasche)*
Danke für die Schule. Guter Gott, wir danken dir.

(5) *(Kind mit Jesus-Ikone oder Kreuz)*
Danke für Jesus, der unser Freund ist. Guter Gott, wir danken dir.

Wir loben dich und preisen dich. Guter Gott, wir danken dir.

Tagesgebet

Lieber Gott, wir danken dir für alles Gute, das wir zu Hause, in der Schule und in der Arbeit erleben dürfen. Im Gebet sind wir mit dir verbunden durch Jesus Christus, unseren Herrn. Amen.

Lesung *(Röm 12,9-12 oder Lesung des Sonntags)*

Evangelium *(Lk 11,1-4)*

Predigtteil

Wir wissen: Jesus hatte viele Freunde. Denn er hat viel Gutes getan. Er hat Kranke geheilt. Er hat Traurige fröhlich gemacht. Deshalb wollten viele Menschen ihm nahe sein.

Manchmal wollte er allein sein und zu Gott seinem Vater beten. Die Menschen sahen wie er betete und spürten:

– Jesus ist in Gedanken ganz eng mit Gott verbunden.

– Er betet gerne. Beten ist schön.

– Er bekommt immer wieder Kraft durch sein Gebet.

Alle wollten so beten können wie Jesus. Deshalb fragten sie ihn: Wie dürfen wir mit Gott reden? Herr, lehre uns beten.

Und da schenkt ihnen Jesus, wie wir im Evangelium gehört haben, ein neues Gebet: das Vaterunser-Gebet. Und so wollen auch wir heute unseren jungen Christen der ersten Klasse das Vaterunser übergeben. Es soll euch ein Zeichen sein und bedeutet:

– Wir alle freuen uns, dass ihr da seid,

– denn ihr seid für unsere Gemeinde wichtig.

– Ihr seid wieder ein Stück im Glauben gewachsen

Nun rufen wir alle Schülerinnen und Schüler der ersten Klassen beim Namen. Ihr dürft dann alle nach vorne kommen und einen Kreis um den bzw. vor dem Altar bilden.

(Der/die Pfarrgemeinderatsvorsitzende ruft einzeln die Kinder beim Namen. Diese gehen nach vorne und stellen sich auf. Sie singen gemeinsam das Lied:)

Lied: Wir haben uns versammelt *(s. Anhang S. 199)*

Fürbitten

Guter Gott, wenn wir mit dir sprechen, hörst du auf uns. Wir bitten dich:

(1) *Pfarrgemeinderat:*
Wir beten für alle Kinder und Jugendlichen in unserer Gemeinde: dass sie immer mehr in die Gemeinde hineinwachsen.

(2) *Klassenlehrer/Religionslehrer:*
Wir beten für diese Kinder: dass sie viel Freude und Halt im Glauben haben.

(3) *Taufpate/Taufpatin:*
Wir beten für diese Kinder: dass sie viele Menschen kennenlernen, die ihnen von Gott erzählen und Vorbilder im Glauben sind.

(4) *Elternteil:*
Wir beten für die Lehrerinnen und Lehrer: dass sie viel Geduld mit unseren Kindern haben.

(5) *Kind:*
Wir beten für unsere Eltern: Beschütze und behüte sie.

Darum bitten wir durch Jesus Christus, unseren Herrn. Amen.

Gabengebet

Guter Gott, mit den Gaben Brot und Wein sagen wir Dank für alles Gute, das wir von dir empfangen haben. Stärke uns immer mehr durch das Gebet und deine Nähe hier in der Gemeinschaft am Altar. Darum bitten wir durch Jesus Christus, unseren Herrn. Amen.

Vaterunser

(Das Vaterunser wird mit Gesten gebetet. Die Kinder stehen dazu noch im Kreis. Nach dem Vaterunser bekommen die Kinder einzeln vom Priester oder vom Pfarrgemeinderatsvorsitzenden das Vaterunser überreicht und gehen dann an ihren Platz.)

Vaterunser	mit Gesten
Vater unser im Himmel, geheiligt werde dein Name,	*Beide Arme werden nach oben gestreckt.*
dein Reich komme,	*Beide Hände nach unten bewegen.*
dein Wille geschehe wie im Himmel, so auf Erden.	*Eine Hand deutet nach oben, eine zum Boden*
Unser tägliches Brot gib uns heute,	*Beide Hände bilden eine Schale (ähnliche Haltung wie beim Kommunionempfang).*
und vergib uns unsere Schuld, wie auch wir vergeben unseren Schuldigern,	*Beide Arme kreuzen sich vor der Brust.*
und führe uns nicht in Versuchung, sondern erlöse uns von dem Bösen.	*Abwehrende oder schützende Handhaltung, Arme sind dabei nach vorne gestreckt.*
Denn dein ist das Reich und die Kraft und die Herrlichkeit. Amen	*Alle fassen sich an den Händen und halten sie nach oben.*

Übergabe des Vaterunsers

Schlussgebet

Gott, unser Vater, dein Wort und deine Sakramente führen uns zusammen. So feiern wir miteinander unseren Glauben. Wir danken dir, dass immer wieder neue Mitglieder in unsere Gemeinschaft hineinwachsen durch Jesus Christus, unseren Herrn. Amen.

Taufgedenken
(2. Klasse)

Taufe, Firmung und Eucharistie sind die Sakramente, die den Menschen in die Kirche eingliedern. Bei uns werden Kinder zumeist im Säuglings- oder Kleinkindalter getauft, sodass sie selbst keine Erinnerung mehr an ihre eigene Taufe haben. Eltern und Paten mussten stellvertretend für das Kind handeln. Kinder im Grundschulalter können nun schon viel vom Geschehen der Taufe verstehen und selbst sprechen und handeln. Deshalb sollen in der Tauferinnerungsfeier wichtige Symbole und Riten bewusst gemacht werden. Die Kinder ziehen mit ihren Taufkerzen ein, sie wiederholen einen Wasserritus, sprechen selbst ein Glaubensbekenntnis und werden einzeln bei ihrem Namen gerufen. Es ist für jeden Menschen nötig, eine einmal getroffene Glaubensentscheidung allmählich reifen zu lassen und im Laufe des Lebens immer wieder zu bestätigen. Unserer Glaubenpraxis ist so etwas gar nicht fremd. Taufgedenken ist auch Teil der Osterliturgie.

Entwurf eines Briefes an die Eltern

Liebe Eltern!
Ihr Kind wurde bei der Taufe in die Gemeinschaft der Kirche aufgenommen. Es ist für jede Gemeinde ein Grund zu großer Freude, dass Kinder in die Gemeinschaft aufgenommen werden und hineinwachsen in einen lebendigen Glauben. Das ist auch ein Grund zum Feiern für die Kinder, ihre Familien und die Pfarrgemeinde. Deshalb wollen wir eine Tauferinnerung feiern für alle Kinder, die die zweite Klasse besuchen.
Die Kinder können sich meist an ihre Taufe nicht erinnern und erfahren nur durch Erzählungen und Fotos von diesem Fest. Im Religionsunterricht der 2. Klasse ist die Taufe ein wichtiges Thema. Wir laden deshalb gerade die Kinder dieser Klasse zum Taufgedenken ein. Das Fest findet ein Jahr vor der Erstkommunion im festlichen Rahmen statt.
Am _____ beim Familiengottesdienst um _____ Uhr ziehen die Kinder mit Ihren Taufkerzen in die Kirche ein. Sie erinnern sich daran, dass sie getauft sind und bekennen nun selbst ihren Glauben an Gott. Eltern, Familie, Religionslehrer und Gemeinde sind wichtig, um den Glauben an die Kinder weiterzugeben und lebendig werden zu lassen.

Deshalb ist die Tauferneuerung ein Fest für uns alle. Wir laden Sie sehr herzlich zu diesem Gottesdienst ein und bitten Sie, den Termin vorzumerken. Besonders herzlich eingeladen sind natürlich auch die Paten und Großeltern. Die Kinder werden in der Schule vorbereitet und erhalten alle Informationen. Sollte Ihr Kind seine Taufkerze nicht mehr besitzen, kann es von der Pfarrei eine neue bekommen.

Mit freundlichen Grüßen

Vorbereitung

- *Die Vorbereitung findet im Rahmen des Religionsunterrichts statt;*
- *Brief an die Eltern (siehe oben);*
- *Einladungen an Eltern, Paten, Lehrer;*
- *evtl. Elternabend zur thematischen Vorbereitung;*
- *Ständer für Taufkerzen;*
- *falls der Taufbrunnen nicht für alle sichtbar in der Kirche ist, soll für den Wasserritus eine große, schöne Schale, evtl. mit grünen Zweigen verziert, im Altarraum bereit stehen;*
- *die Kinder bringen ihre Taufkerze mit. Falls diese nicht mehr vorhanden ist, muss rechtzeitig für entsprechenden Ersatz gesorgt werden;*
- *die Texte sollen soweit als möglich (Kyrie, Fürbitten) von den Kindern gesprochen werden;*
- *schön gestalteter Text des Apostolischen Glaubensbekenntnisses für jedes Kind;*
- *die Kinder der zweiten Klasse treffen sich außerhalb der Kirche und ziehen mit dem Priester und dem Liturgischen Dienst in die Kirche ein. Dabei haben sie ihre nicht angezündete Taufkerze in der Hand.*

Einführung

Liebe Gemeinde, liebe Kinder, wir feiern ein besonderes Fest und wir nennen es Tauferneuerung. Die Kinder der 2. Klasse sind feierlich in die Kirche eingezogen. In der Schule haben sie über das Sakrament der Taufe gesprochen. Vor etwa acht Jahren sind sie getauft worden, sind herangewachsen und nach eigenen Erfahrungen wollen sie persönlich ihren Glauben bekunden. Das geschieht zu unserer großen Freude. Deshalb wollen besonders diese Schülerinnen und Schüler heute schon aktiv teilnehmen an unserem Gemeindegottesdienst.
Im Kyrie rufen wir Jesus Christus an:

Kyrie

(1) Herr Jesus Christus, seit der Taufe gehören wir zusammen. Kyrie eleison.

(2) Herr Jesus Christus, bei der Taufe hast du uns deinen Namen gegeben. Wir sind Christen. Christe eleison.

(3) Herr Jesus Christus, du hast uns zu Freunden gemacht. Kyrie eleison.

Tagesgebet

Lieber Gott, du rufst dein Volk zusammen, damit wir dein Wort hören. Als getaufte Christen feiern wir voll Freude und dürfen immer mehr deine Botschaft verstehen. Deshalb danken wir durch Jesus Christus, unseren Herrn. Amen.

Lesung *(1 Kor 12,12-13 oder vom Sonntag)*

Evangelium *(Mt 23,34-40 oder vom Sonntag)*

Glaubensbekenntnis

Liebe Mädchen, liebe Jungen, bei eurer Taufe wurden eure Eltern und Paten befragt, ob sie an Gott glauben und diesen Glauben an euch weitergeben wollen. Heute könnt ihr schon selbst Antwort geben. So bitte ich euch, jetzt aufzustehen und zu antworten.

Glaubst du an Gott, den Vater, den Allmächtigen, den Schöpfer des Himmels und der Erde?	Ich glaube.
Glaubst du an Jesus Christus, seinen eingeborenen Sohn, unseren Herrn, der geboren ist von der Jungfrau Maria, der gelitten hat und begraben wurde, von den Toten auferstand und zur Rechten des Vaters sitzt?	Ich glaube.
Glaubst du an den Heiligen Geist, die heilige katholische Kirche, die Gemeinschaft der Heiligen, die Vergebung der Sünden, die Auferstehung der Toten und das ewige Leben?	Ich glaube.

Eure Väter haben die Taufkerze an der Osterkerze entzündet. Heute darfst du selbst deine Taufkerze anzünden.
Du wirst nun bei deinem Namen gerufen. Wenn du nach vorne kommst und die Taufkerze an der Osterkerze angezündet hast, dann sagst du laut: „Ich glaube."

Lied: Gott ruft dich bei deinem Namen *(s. Anhang S. 202)*

(Mit diesem Lied werden alle Kinder namentlich aufgerufen. Sie gehen nach vorne, bekommen ihre Taufkerze und zünden sie an der bereitgestellten Oster-

kerze an [evtl. vom Ständer nehmen und halten]. Dabei sagt jedes Kind: „Ich glaube." und stellt sich auf. Die Kinder bilden einen Kreis um das Taufbecken [bzw. das Gefäß mit dem Wasser oder um den Altar])

Weihegebet über dem Wasser

(Falls die Menge der Kinder es erlaubt – etwa bis 10 Kinder – halten sie während der Taufwasserweihe den unteren Teil der Kerze in das Wasser.)
Guter Gott, heilige dieses Wasser durch deinen Geist. Es erinnere uns an die Freundschaft, die du bei unserer Taufe mit uns geschlossen hast. Erfrische unseren Geist und gib uns immer wieder die Kraft, Zeugen deiner Botschaft zu sein durch Jesus Christus, unseren Herrn. Amen.

Zur Besiegelung eurer Freundsschaft mit Gott dürft ihr immer wieder ein Kreuzzeichen mit Wasser auf eure Stirn machen. Auch heute wollen wir das alle tun.

(Zuerst macht der Priester mit dem Wasser ein Kreuzzeichen und dann bekreuzigt sich ein Kind nach dem anderen mit dem Wasser, bringt die Taufkerze auf den Ständer und geht zum Platz zurück.)

Fürbitten

Durch die Taufe sind wir alle miteinander verbunden. Wir beten zu Gott, unserem Vater:

(1) *Pfarrgemeinderat:*
Wir beten für alle jungen Menschen in unserer Gemeinde:
dass sie lebendige Glieder deiner Kirche werden.

(2) *Klassenlehrer/Religionslehrer:*
Wir beten für die Eltern dieser Kinder:
dass sie in Glaube und Liebe weiter wachsen.

(3) *Taufpate/Taufpatin:*
Wir beten für diese Kinder:
dass sie die frohe Botschaft des Glaubens aufnehmen und diese im Alltag leben.

(4) *Elternteil:*
Wir beten für unsere Familien:
dass Frieden und Geborgenheit in unseren Häusern bleiben.

(5) *Kind:*
Wir beten für alle Kinder dieser Welt:
dass sie gute Freunde finden.

Darum bitten wir durch Jesus Christus, unseren Herrn. Amen.

Gabengebet

Guter Gott, immer, wenn wir uns versammeln und miteinander beten, stärkst du uns und gibst uns Kraft für unser Leben. Mit Brot und Wein feiern wir Tod und Auferstehung Jesu Christi, unseres Herrn. Amen.

Vor dem Schlussgebet

(Die Kinder bekommen ein Blatt mit dem Glaubensbekenntnis.)
Liebe Kinder, ihr bekommt heute ein Blatt mit dem Glaubensbekenntnis. Dieses Blatt soll euch erinnern, dass ihr im Glauben ein Stück weit gewachsen seid.
Wenn wir nun das Wasserbecken vor den Ausgang der Kirche stellen, so soll es alle Kirchenbesucher daran erinnern, dass wir getauft sind. Mit dem Wasser können wir beim Verlassen der Kirche ein Kreuz auf unsere Stirn zeichnen.

Schlussgebet

Großer Gott, in dieser Feier haben wir gespürt: Du bist uns nahe. Dein
Geist gibt uns Mut und Kraft für diese Welt. So geben wir als Getaufte
Zeugnis von deiner Liebe durch Jesus Christus, unseren Herrn. Amen.

Mit Blumen sagen wir Dank

Erstkommunion

(3. Klasse)

Wie Taufe und Firmung gehört die Erstkommunion, also die vollständige Teilnahme an der Eucharistie, zur Liturgie der Aufnahme in die Kirche. In unseren Gemeinden nimmt sie einen großen Stellenwert ein. Eucharistie heißt „Danksagung". Dies haben wir zum Anlass genommen, den Erstkommuniongottesdienst ganz unter das Thema Dank zu stellen.

Vorbereitung

– *Jedes Kind hält beim Einzug die Kommunionkerze und eine Blume in der Hand, die vorher ausgeteilt wurde.*
– *Die Kinder bereiten den Altar bei der Gabenbereitung vor. Ihre Blumen dienen dabei als Altarschmuck.*
– *Als Geschenk erhalten sie ein Umhängekreuz mit dem Motiv einer Blume (ist bei den entsprechenden Verlagen erhältlich).*

Einführung

Liebe Christen, liebe Gemeinde, heute ist ein wichtiger Festtag in unserer Pfarrgemeinde. Viele (evtl. Anzahl) Mädchen und Jungen werden mit diesem Tag aufgenommen in die große *Mahl*gemeinschaft der Kirche. Zum ersten Mal dürfen sie teilnehmen an der sonntäglichen Dankesfeier, unserer Eucharistiefeier, indem sie vom Brot des Lebens essen. Sie sind bereits feierlich mit ihren Kerzen in die Kirche eingezogen in ihren festlichen Gewändern, die sie an ihre Taufe, den Beginn ihrer Freundschaft mit Jesus erinnern.
Wir alle, liebe Christen, wollen zu Beginn dieses Gottesdienstes mit Weihwasser an die Taufe erinnern. Wir singen dazu.

Asperges *(statt Schuldbekenntnis)*

(Der Priester besprengt in einer kleinen Prozession das Volk mit Weihwasser. Währenddessen singt die Gemeinde ein Tauflied oder hört Musik.)

Kyrie *(beten oder singen)*

Tagesgebet

Guter Gott, du rufst dein Volk zusammen und stärkst uns mit deinem Wort und dem Sakrament der Liebe. Wir danken dir immer wieder für all das, was du für uns getan hast durch Jesus Christus, unseren Herrn. Amen.

Lesung *(1 Kor 1,4-9)*

Lesung aus dem Brief an die Korinther

Ich danke Gott jederzeit euretwegen für die Gnade Gottes, die euch in Christus Jesus geschenkt wurde, dass ihr an allem reich geworden seid in ihm, an aller Rede und aller Erkenntnis. Denn das Zeugnis über Christus wurde bei euch gefestigt, sodass euch keine Gnadengabe fehlt, während ihr auf die Offenbarung Jesu Christi, unseres Herrn, wartet. Er wird euch auch festigen bis ans Ende, sodass ihr schuldlos dasteht am Tag Jesu, unseres Herrn.

Evangelium *(Mt 26,20.26-29)*

Aus dem heiligen Evangelium nach Matthäus

Als es Abend wurde, begab er sich mit den zwölf Jüngern zu Tisch. Während des Mahls nahm Jesus das Brot und sprach den Lobpreis. Dann brach er das Brot, reichte es den Jüngern und sagte: Nehmt und esst; das ist mein Leib. Dann nahm er den Kelch, sprach das Dankgebet und reichte ihn den Jüngern mit den Worten: Trinkt alle daraus; das ist mein Blut, das Blut des Bundes, das für viele vergossen wird zur Vergebung der Sünden. Ich sage euch: Von jetzt an werde ich nicht mehr von der Frucht des Weinstocks trinken, bis zu dem Tag, an dem ich mit euch von neuem davon trinke im Reich meines Vaters.

Predigtteil

Liebe Kinder, viele Wochen habt ihr euch vorbereitet für diesen Tag. Ihr habt gelernt: Eucharistie feiern heißt: Danke sagen. Gemeinsam haben wir überlegt, wofür wir Dank sagen jeden Sonntag. Bevor ihr nun am Mahl teilnehmt, sprecht ihr euere Worte des Dankes und macht damit deutlich, dass ihr immer wieder Grund zum Danken habt. Wenn wir jemandem danken wollen, dann machen wir das oft mit Blumen. Deshalb hat jeder einzelne von euch eine Blume mitgebracht.

(Die einzelnen Kinder werden beim Namen gerufen, einige Kinder sprechen den Dank laut und stellen anschließend ihre Blume in eine Vase. Dann kommen alle und stellen ihre Blumen dazu. Alle Kinder stellen sich im Kreis um den Altar. Dort bleiben sie bis zur Kommunionausteilung stehen.)

– Danke für die Schöpfung.
– Danke für die Luft zum Atmen.
– Danke für die Eltern und Großeltern.
– Danke für unsere Paten und Freunde.
– Danke, dass du uns lieb hast.
– Danke, dass wir dich durch Jesus besser kennen lernen dürfen.
– Danke für das tägliche Brot.
– usw.

Sprecher:
Weil jede und jeder einzelne von euch mit seinem Dank eine Blume gegeben hat, wurde euer Dank zu einem farbigen bunten Strauß. Dieser Blumenstrauß zeigt uns: In der großen Gemeinschaft der Christen dürfen wir wie eine Blume aufblühen. Unsere Blumen duften auch gut. So kann auch die Gemeinschaft der Christen wirken und mit ihrem Wohlgeruch die Welt schöner machen. Wenn wir diesen Strauß auf den Altar stellen, zeigt er auch unseren Dank an Gott.

Fürbitten

Guter Gott, du hörst auf unsere Bitten:

(1) *Lehrer/Religionslehrer:*
Die Politiker unseres Landes und unserer Gemeinden treffen wichtige Entscheidungen.
Hilf ihnen bei der Gestaltung der Umwelt und der Zukunft unserer Kinder.

(2) *Taufpate:*
Viele Kinder feiern Erstkommunion:
Wir wünschen ihnen, dass sie ihr Leben im Vertrauen auf Gott bewältigen.

(3) *Elternteil:*
Viele Menschen sind einsam und traurig.
Schenke ihnen durch gute Menschen Freude.

(4) *Kind:*
Viele Menschen sind krank.
Heile ihre Leiden und gib ihnen Kraft.
(5) *Kind:*
In unseren Familien gibt es nicht nur Sonnenschein.
Steh uns bei, wenn es Sorgen und Streit gibt.

Darum bitten wir durch Jesus Christus, unseren Herrn. Amen.

Gabenbereitung

(Die Kinder bereiten den Altar [mit Decke, Kreuz, Kerzen] und schmücken ihn dabei mit ihrem Blumenstrauß. Sie bringen auch die Gaben.)

Gabengebet

Guter Gott, wir danken dir für Brot und Wein. Sie stehen für alle Gaben dieser Welt. Wir feiern deine Liebe, die du uns immer wieder schenkst durch Jesus Christus, unseren Herrn. Amen.

Schlussgebet

Vater im Himmel, durch dein Wort und das Sakrament der Eucharistie hast du uns alle gestärkt. Unsere Gemeinschaft ist gewachsen und viele Kinder sind einen Schritt weiter gekommen in ihrem Glauben. Du willst uns auch weiterhin auf unserem Lebensweg begleiten, damit unser Leben gelingt, durch Jesus Christus, unseren Herrn. Amen.

Talente sind Gaben Gottes
Ende der Grundschulzeit
(4. Klasse)

Nach der Grundschulzeit beginnt für alle Kinder etwas Neues. Wie jeder Neuanfang ist auch dieser mit Hoffnungen und Ängsten verbunden. Es tut gut, sich damit auseinanderzusetzen und auch einmal über die eigenen Fähigkeiten nachzudenken. Gegen Ende der vierten Klasse kann dies in einem festlichen Gottesdienst seinen Höhepunkt finden.

Vorbereitung

– *Jedes Kind hat im Unterricht ein buntes Stoffsäckchen vorbereitet. Darin ist ein Zeichen dafür, was das Kind gut kann (z. B. Noten – Flöte spielen, Fußball – Fußball spielen, Zahlen – Mathematik ...).*
– *Einige Kinder bereiten das Evangelium als Pantomime vor (drei Diener, Herr).*

(Die Kinder ziehen mit Priester und liturgischem Dienst ein.)

Einführung

Liebe Schülerinnen und Schüler, liebe Christen, wir haben uns wieder versammelt, um Gott zu danken für all das Gute im Leben. Heute nehmen wir unser Beisammensein als Anlass dafür, auf die jungen Christen der 4. Klassen in unserer Pfarrei zu blicken, die nun alle an der Schwelle des Eintritts in eine neue Schule stehen. Sie wollen für ihr Leben danken und sich einreihen in den Dank unserer Pfarrgemeinde.

Kyrie

(1) Herr Jesus Christus, du bist der Herr aller Zeiten.
    Kyrie eleison.
(2) Herr Jesus Christus, wir loben dich und preisen dich.
    Christe eleison.
(3) Herr Jesus Christus, wir danken dir.
    Kyrie eleison.

Tagesgebet

Gott, Vater im Himmel, du hast uns das Leben geschenkt. Du begleitest uns auf unserem Weg durch die Zeit. Schenke uns dein Wort, damit wir auch in Zukunft nach deinen Weisungen glücklich werden durch Jesus Christus, unseren Herrn. Amen.

Lesung *(1 Kor 12,4-11)*

Lesung aus dem Brief an die Korinther

Es gibt verschiedene Gnadengaben, aber nur den einen Geist. Es gibt verschiedene Dienste, aber nur den einen Herrn. Es gibt verschiedene Kräfte, die wirken, aber nur den einen Gott: Er bewirkt alles in allen. Jedem aber wird die Offenbarung des Geistes geschenkt, damit sie anderen nützt. Dem einen wird vom Geist die Gabe geschenkt, Weisheit mitzuteilen, dem anderen durch den gleichen Geist die Gabe, Erkenntnis zu vermitteln, dem dritten im gleichen Geist Glaubenskraft, einem anderen – immer in dem einen Geist – die Gabe, Krankheiten zu heilen, einem anderen Wunderkräfte, einem anderen prophetisches Reden, einem anderen die Fähigkeit, die Geister zu unterscheiden, wieder einem anderen verschiedene Arten von Zungenrede, einem anderen schließlich die Gabe, sie zu deuten. Das alles bewirkt ein und derselbe Geist; einem jeden teilt er seine besondere Gabe zu, wie er will.

Nach der Lesung

Wir haben gehört, der Apostel Paulus sprach von Gnadengaben und meint die besonderen Fähigkeiten, die jeder Christ in der Gemeinde einbringen kann. Heute wollen die Schülerinnen und Schüler der vierten Klasse nach vier fleißigen Schuljahren uns ihre besonderen Fähigkeiten und Talente zeigen.

Ihr habt euch bemüht, herauszufinden, wo eure besonderen Fähigkeiten liegen. In diese Säckchen habt ihr Dinge hineingetan und hineingeschrieben, was ihr gut könnt und was ihr gerne macht. Ihr dürft nun vorkommen und die Säckchen vor den Altar legen.

(Sofern es Anzahl und Situation zulassen, sollen einzelne – vorbereitete und anonyme – Beispiele vorgelesen werden.)

Evangelium *(Mt 25,14-28, als Pantomime dargestellt)*

(Um volle Aufmerksamkeit zu erlangen, wird die Geschichte von vier Spielern dargestellt, die schlicht gekleidet sind. Sie verwenden die Säckchen, die vor dem Altar liegen. Mit Hilfe von 15 Säckchen wird das Gleichnis pantomimisch nach-gestellt während das Evangelium vorgelesen wird. Es spielen die drei Diener und der Herr.)

Predigtteil

Im Evangelium hörten wir von Talenten. Zur Zeit Jesu war das sehr viel Geld. Man konnte sich damit eine Menge kaufen. Wir nennen das, was wir gut können, unsere Fähigkeiten und Fertigkeiten, auch unsere Talente. Wir wollen einmal die Diener aus der Evangeliengeschichte befragen.

Sprecher sagt zum Diener mit einem Talent:
Können Sie bitte einmal herkommen! Sie haben etwas bekommen und haben es versteckt. Warum?

Diener mit einem Talent:
Die Welt ist schlecht und keiner hilft.
Ich kann mich nur auf mich verlassen.
Ich habe Angst, dass ich mich schämen muss.
Ich muss doch aufpassen, dass ich nichts verliere.
Keiner soll es wissen. Keiner soll es sehen.
Am besten sperre ich das Talent in den Tresor.
Oder noch besser: Ich vergrabe es.
Ich will, dass nichts geschieht.
Dann ist alles sicher bis mein Herr kommt.

Sprecher geht zum Diener mit fünf Talenten und fragt:
Hatten Sie keine Angst?

Diener mit fünf Talenten spricht:
Warum Angst?
Ich freue mich doch, wenn ich etwas bekomme von meinem Herrn.
Schauen Sie, was ich bekommen habe!
Sie dürfen sich mit mir freuen.
Alle sollen sich mit mir freuen.
Dafür sind ja Talente da:
Dass sie gezeigt werden und dass man dazulernt.

Auch wenn ich etwas falsch mache, kann mir nichts passieren.
Denn ich vertraue auf meinen Herrn.
Er meint es immer gut mit mir und ich brauche keine Angst zu
haben.

Der Herr kommt von hinten und sagt zum Diener:
Genau deshalb habe ich dich gelobt und mich so über dich gefreut.
Du hast dich getraut, weil du Vertrauen hast.
(Zu den Leuten gewandt:)
Deshalb hat Jesus auch diese Geschichte erzählt:
Ihr braucht nicht ängstlich zu sein und auf euer Ansehen zu achten.
Wer auf Gott vertraut, der kann sich trauen.
Und er traut sich auch, die Liebe, die er bekommt,
an andere weiterzuschenken und sie zu vermehren.

Fürbitten

Guter Gott, du schenkst uns so viel zum Leben, mehr als wir brauchen.
Du willst, dass wir mit unseren Talenten wuchern. Viele aber haben
Angst. Deshalb bitten wir:

(1) Wir haben unsere Eltern lieb. Sie haben uns das Leben geschenkt.
    Schenke ihnen Gesundheit und Glück.
(2) Unsere Lehrer haben uns viel beigebracht.
    Schenke ihnen Freude und Kraft.
(3) Alle Schüler besuchen nächstes Jahr eine neue Schule.
    Auch dort sollen sie ihre Talente gut einsetzen.
(4) Viele Kinder in der Welt leben in Armut und haben nicht einmal
    genug zu essen.
    Schenke ihnen, dass sie satt werden.

Darum bitten wir durch Jesus Christus, unseren Herrn. Amen.

(Bei der Gabenbereitung richten einige Schülerinnen und Schüler den Altar her.)

Gabengebet

Barmherziger Gott, wir dürfen dir vertrauen. Du sorgst für uns und
schenkst uns reichlich zum Leben. Stellvertretend für alles bringen wir
nun Brot und Wein, die Zeichen deiner Liebe. Dafür danken wir durch
Jesus Christus, unseren Herrn. Amen.

(Vor dem Schlussgebet können die Kinder ein Geschenk zur Erinnerung erhalten: z. B. ein Neues Testament oder ein Gebetbuch oder ähnliches.)

Schlussgebet

Lieber Gott, jedem Menschen schenkst du viele Fähigkeiten und Talente. Auch unsere Kinder der 4. Klasse haben viele Talente. Sie dürfen sie nutzen, damit jeder deine Liebe spürt: Du gibst uns Mut und Zuversicht für die Zukunft durch Jesus Christus, unseren Herrn. Amen.

GOTTESDIENSTE ZUM ENDE DES SCHULJAHRES

Der Regenbogen ist ein Zeichen für Gottes Freundschaft

Mit dem Symbol Regenbogen gibt es in diesem Buch auch einen Anfangsgottesdienst. Es bietet sich an, die beiden Gottesdienste im Zusammenhang zu feiern. Bei uns fand dieser Schlussgottesdienst vor den großen Ferien statt, gleich nach den großen Ferien feierten wir dann den Anfangsgottesdienst. Deshalb sind die Symbole beim Schlussgottesdienst genauer erarbeitet. Die beiden Gottesdienste können aber ebensogut zu Beginn und Ende des Schuljahres gefeiert werden.

Vorbereitung

– *Regenbogen aus Stoffbahnen an der Wand hinter dem Altar (kann auch mit Tageslichtprojektor dargestellt oder mit Tüchern gelegt werden);*
– *aus buntem Tonpapier ausgeschnittene Hände unter dem Regenbogen befestigen;*
– *rotes Herz aus Tonpapier (Liebe), orangefarbenes Bild von Flammen (Begeisterung), gelbe Sonne aus Tonpapier (Freude), grüner Zweig (Leben), hellblaue Wolke aus Tonpapier (Freiheit), Plakat Wasser (dunkelblau – Ruhe), lila Blume(Schönheit);*
– *Lied: Ein bunter Regenbogen (s. Anhang S. 186).*

Einführung

Liebe Kinder, liebe Lehrerinnen und Lehrer, ein Schuljahr ist zu Ende. Wir haben viel erlebt in diesem Jahr und wollen nun im Gottesdienst dafür „Danke" sagen.

Heute haben wir einen riesengroßen Regenbogen aufgestellt. Sicher habt ihr so einen Regenbogen schon einmal draußen in der Natur gesehen. Wenn die Sonne auf den Regen scheint, dann entsteht so ein kleines

Wunder. Schon immer staunten die Menschen über den Regenbogen. Bei einem Regenbogen bleiben alle Menschen stehen und bewundern ihn. Auch unser Regenbogen will uns mit seinen Farben zum Staunen bringen. Der Regenbogen kann uns auch vieles über Gott sagen.
Wir danken und beten gemeinsam.

Schuldbekenntnis

Vieles war schön in diesem Schuljahr. Aber es gab manches, was nicht schön war. Einige Kinder wollen nun etwas davon vorlesen. Sie tragen zum Zeichen der Schattenseiten in der Schule schwarze Wolken zum Regenbogen.

(1) Ich musste viele Dinge tun, die ich nicht gerne mache: Hausaufgaben und Proben schreiben, üben und mich anstrengen.

(2) Manchmal konnte ich etwas nicht. Das ist ein furchtbares Gefühl.

(3) Am schlimmsten war es, wenn ich mich mit meinem Freund oder meinen Klassenkameraden gestritten habe, wenn es Raufereien und böse Worte gab.

Wir bringen das hin zu Gott, was uns im Leben bedrückt, was uns belastet und traurig oder wütend macht. Denn wir wissen: Er vergibt die

Schuld und hilft uns, dass alles wieder gut wird. Deshalb wollen wir diese Dinge nun nach vorne zum Regenbogen bringen. Der allmächtige Gott nehme von uns alle Lasten und Sünden. Er führe uns zum Guten und zum ewigen Leben. Amen.

(Mehrere Kinder stellen eine Farbe des Regenbogens mit dem entsprechenden Gegenstand in der Hand vor.)

(1) Bei Rot denke ich an Blut, Erdbeeren, Tomaten, Marienkäfer, Lippenstift, Hausdächer, Feuerwehr
Bei Rot denke ich an ein Herz, das sich die Leute umhängen.
Die rote Farbe steht heute für die LIEBE.

(2) Bei Orange denke ich an Orangen, Aprikosengelee, Eidotter.
Bei Orange denke ich an ein Lagerfeuer, um das Menschen am Abend sitzen.
Die orange Farbe steht heute für die BEGEISTERUNG.

(3) Bei Gelb denke ich an Postauto, Zitrone, Strohhut und Bananen.
Bei Gelb denke ich an die Sonne die alles hell macht.
Die gelbe Farbe steht heute für die FREUDE.

(4) Bei Grün denke ich an Gurken, Frösche, Krokodile, Ampeln, Polizeiautos.
Bei Grün denke ich an Wiesen und Wälder, die herrlich duften.
Die grüne Farbe steht heute für das LEBEN.

(5) Bei Hellblau denke ich an ausgewaschene Bluejeans.
Bei Hellblau denke ich an den weiten, unendlichen Himmel.
Die hellblaue Farbe steht heute für die FREIHEIT.

(6) Bei Dunkelblau denke ich an Glockenblumen, Blaubeeren.
Bei Dunkelblau denke ich an das Wasser in einem ruhigen See.
Die dunkelblaue Farbe steht heute für die RUHE.

(7) Bei Violett denke ich an Pflaumen, Zwetschgen und an die lila Kuh.
Bei Violett denke ich an besondere Blumen, die im Feld wachsen.
Die violette Farbe steht heute für die SCHÖNHEIT.

Tagesgebet

Lieber Gott, Schöpfer des Himmels und der Erde, du hast uns das Leben geschenkt. Viele Menschen helfen uns, im Leben Freude zu haben. Mit den Farben des Regenbogens wollen wir dir für alles danken.
Wir danken durch Jesus Christus, deinen Sohn, unsern Herrn und Gott, der in der Einheit des Heiligen Geistes mit dir lebt und herrscht in alle Ewigkeit. Amen.

Einführung zur Lesung

Wir hören nun die älteste und zugleich berühmteste Regenbogengeschichte. Ich bin mir sicher, dass euch die Geschichte irgendwie bekannt vorkommt.

Anstelle der Lesung: *Erinnerung an Noachs Geschichte (nach Gen 6-9)*

Wir erinnern uns an die Geschichte von Noach.
40 Tage war Noach mit seiner Familie und den vielen Tieren auf seiner Arche.
40 Tage hatte er nur Wasser gesehen. Kein Land, keine Bäume, nur Wasser!
40 Tage betete er, dass Gott ihn und die Seinen retten möge.
Er dachte sich:
Hat Gott uns vergessen?
Hat Gott uns nun allein gelassen?
Wird Gott uns noch einmal retten?

Nach langer Zeit war die Erde wieder trocken.
Noach und alle Menschen und Tiere konnten aus der Arche aussteigen.
Sie waren sehr froh, dass Gott sie gerettet hatte.
Da spannte sich ein großer schöner Regenbogen übers Land.
Gott sprach zu Noach:
Ich stelle meinen Bogen in die Wolken,
er soll das Zeichen des Bundes sein zwischen mir und den Menschen
Ich verspreche euch:
Ich will euch nie vergessen.
Ich werde immer zu euch stehen.
Ich werde für euch sorgen.
Ihr könnt mir vertrauen.
Auf mich könnt ihr euch verlassen.

Predigtteil

Ja, die Geschichte von der „Arche Noach" ist wirklich eine Regenbogengeschichte. Seitdem ist der Regenbogen ein Zeichen für die Freundschaft Gottes mit allen Menschen. Ein Regenbogen soll Himmel und Erde verbinden. Ein Regenbogen sagt uns immer wieder: Wir brauchen nie Angst zu haben. Gott bleibt unser Freund und sorgt für uns. Das macht uns froh. Deshalb sehen wir unter unserem Regenbogen alle eure Hände. So ist jeder unter dem Regenbogen in Gottes Freundschaft aufgehoben. Auch *dir* verspricht Gott seine Freundschaft. Er ist bei dir und sorgt für dich. Deshalb ist deine Hand auch da vorne dabei.

Lied: Ein bunter Regenbogen

Hinführung zum Evangelium

Gott ist bei uns. Das hören wir auch im Evangelium.

Evangelium *(Lk 18,19-20)*

Aus dem heiligen Evangelium nach Lukas

Jesus sprach: Alles, was zwei von euch gemeinsam erbitten, werden sie von meinem himmlischen Vater erhalten. Denn wo zwei oder drei in meinem Namen versammelt sind, da bin ich mitten unter ihnen.

Dank für das vergangene Schuljahr

Guter Gott, mit den Farben des Regenbogens danken wir dir für alles Gute, das wir im vergangenen Schuljahr erleben durften.

(1) Die rote Farbe steht heute für die LIEBE.
     Wir danken für unsere Freunde, für die Liebe unserer Eltern und Lehrer.
     Guter Gott, wir danken dir.
Alle: Guter Gott, wir danken dir.

(2) Die orange Farbe steht heute für die BEGEISTERUNG.
     Wir danken dir für alles, was uns gefallen hat. Ich war begeistert, wenn ich malen durfte. Andere haben sich für Sport interessiert oder für Mathematik.
     Guter Gott, wir danken dir.

(3) Die gelbe Farbe ist heute da für die FREUDE.
     Ich habe mich gefreut, wenn ich etwas geschafft habe, wenn ich etwas gekonnt habe und etwas Neues gelernt habe.
     Guter Gott, wir danken dir.

(4) Die grüne Farbe steht heute für das LEBEN.
     Wir haben viel erfahren von Tieren und Pflanzen. Wir haben die

Bäume, den Wald und die Wiese kennen gelernt. Wir haben etwas unternommen, um unsere Umwelt zu schützen. Das war gut. Guter Gott, wir danken dir.

(5) Die hellblaue Farbe steht heute für die FREIHEIT. Wir danken dir für alle Pausen, in denen wir das tun, was wir wollen. Wir danken dir für unsere Ausflüge. Guter Gott, wir danken dir.

(6) Die dunkelblaue Farbe steht heute für die RUHE. Wir danken dir auch für die freien Tage und die Ferien, in denen wir Ruhe hatten und uns erholen konnten. Guter Gott, wir danken dir.

(7) Die violette Farbe steht heute für die SCHÖNHEIT. Wir danken dir für alles Schöne, das wir erleben durften. Wir danken dir, dass wir Schönes gesehen und selbst schöne Dinge gestaltet haben. Guter Gott, wir danken dir.

Guter Gott, wir danken dir durch Jesus Christus, unseren Herrn. Amen.

Fürbitten: *(können auch entfallen)*

(1) *(Rot)* Wir beten für alle Menschen, die einsam und allein sind: Wir wünschen ihnen Freunde, die ihnen Liebe schenken.

(2) *(Orange)* Wir beten für alle Menschen, die sich langweilen und zu nichts Lust haben: Wir wünschen ihnen, dass sie vieles in der Welt entdecken, was sie begeistert.

(3) *(Gelb)* Wir beten für alle traurigen Menschen: dass sie durch ihre Mitmenschen Freude finden.

(4) *(Grün)* Wir beten für alle kranken Menschen, die Schmerzen haben und im Bett bleiben müssen: Wir wünschen ihnen Gesundheit und Leben.

(5) *(Hellblau)* Wir beten für alle gefangenen Menschen: Wir wünschen ihnen Freiheit und Glück.

(6) *(Dunkelblau)* Wir beten für alle gestressten Menschen, dass sie im Urlaub und in den Ferien Erholung und Ruhe finden.

(7) *(Violett)* Wir beten für alle Menschen, die nur noch das Schlechte im Leben sehen, dass sie in deiner bunten Welt auch immer die Schönheit deiner Schöpfung erkennen.

Gabengebet

Gott, unser Vater, wir bringen die Gaben Brot und Wein. In diesen Zeichen willst du uns nahe sein. Dafür danken wir durch Jesus Christus, unseren Herrn. Amen.

Schlussgebet

Lieber Gott, du vergisst uns nicht. Du bist immer bei uns auch in den Ferien. Der Regenbogen erinnert uns, dass du unser Freund bist und für uns sorgst. Dafür danken wir durch Jesus Christus, unseren Herrn. Amen.

Türen zum guten Leben öffnen

Vorbereitung

- *Alle Kinder bekommen zur Vorbereitung eine Tür aus Papier, die man öffnen kann (siehe Vorlage im Anhang, S. 204). In die geöffnete Seite malen sie ein schönes Ferienbild.*
- *Diese Türen werden in der Kirche aufgehängt.*
- *große Türe;*
- *drei große Riegel mit Aufschrift: Angst, Streit, Neid;*
- *Lied: Die Menschen öffnen Türen (s. Anhang S. 195).*

Einführung

Liebe Schülerinnen und Schüler, liebe Lehrerinnen und Lehrer, liebe Eltern, endlich ist es so weit! Wir freuen uns: Die Schule ist aus, die großen Ferien beginnen. Das wollen wir heute feiern. Es ist, als ob sich eine große Tür auftut und alles Arbeiten und Lernen hinter uns gelassen wird. Vor uns öffnet sich die Ferienzeit. Deshalb habt ihr viele Türen bemalt, die hier in der Kirche hängen.

Kyrie

(1) Herr Jesus, Erlöser der Welt.
    Kyrie eleison.
(2) Herr Jesus, König der Liebe.
    Christe eleison.
(3) Herr Jesus, Freund der Kinder.
    Kyrie eleison.

Tagesgebet

Allmächtiger Gott, wir stehen vor den großen Ferien und freuen uns darauf. Wir wollen uns für dein Wort öffnen und deine Botschaft hören. Sie hilft uns im Leben durch Jesus Christus, unseren Herr. Amen.

Lesung *(Offb 3,20-22)*

Lesung aus der Geheimen Offenbarung des Johannes

Ich stehe vor der Tür und klopfe an. Wer meine Stimme hört und die Tür öffnet, bei dem werde ich eintreten, und wir werden Mahl halten, ich mit ihm und er mit mir. Wer siegt, der darf mit mir auf meinem Thron sitzen, so wie auch ich gesiegt habe und mich mit meinem Vater auf seinen Thron gesetzt habe. Wer Ohren hat, der höre, was der Geist den Gemeinden sagt.

Evangelium *(Joh 10,7-10)*

Aus dem heiligen Evangelium nach Johannes

Amen, amen, ich sage euch: Ich bin die Tür zu den Schafen. Alle, die vor mir kamen, sind Diebe und Räuber; aber die Schafe haben nicht auf sie gehört. Ich bin die Tür; wer durch mich hineingeht, wird gerettet werden; er wird ein- und ausgehen und Weide finden. Der Dieb kommt nur, um zu stehlen, zu schlachten und zu vernichten; ich bin gekommen, damit sie das Leben haben und es in Fülle haben.

Predigtteil

Wir haben hier eine Tür aufgebaut. Sie könnte für uns die Tür zu den Ferien darstellen. Wir freuen uns, wenn wir hindurch gehen dürfen. NN. darf gleich einmal hindurch gehen.
(Kind kommt gerannt, will die Türe öffnen: Die Tür bleibt verschlossen:)
Ich will hier raus.
(Klopft.)
Warum kann ich hier nicht durch? Da ist ja zugesperrt.
(zu den andernKindern:) Was soll ich denn jetzt machen?
Sprecher:
Ich glaube, wir müssen uns die Tür von hinten anschauen.
(dreht die Tür, so dass die Riegel sichtbar werden.)
Kind:
Die Tür ist versperrt.
Sprecher:
Vieles kann den Zugang zu einer schönen Ferienzeit versperren. Schauen wir uns die Riegel einmal genauer an.

Kind liest den ersten Riegel:
Streit

Sprecher:
Streit versperrt die Tür zu einer schönen Ferienzeit. Beim Streit verletzen wir uns. Wir müssen den Streit überwinden und den Riegel wegtun. Das ist nicht immer einfach, aber es kann gelingen.

Kind liest den zweiten Riegel:
Neid

Sprecher:
Neid versperrt die Tür zu einer schönen Ferienzeit. Wir wollen das haben, was andere besitzen. Oft wollen wir das, was uns nicht gehört. Wir müssen

den Neid überwinden und den Riegel wegtun. Das ist nicht immer einfach, aber es kann gelingen.

Kind liest den dritten Riegel: Angst

Sprecher:
Angst versperrt die Tür zu einer schönen Ferienzeit. Wer Angst hat, traut sich nichts zu unternehmen. Wir müssen die Angst überwinden und den Riegel wegtun. Das ist nicht immer einfach, aber es kann gelingen.

Nun lässt sich die Tür zu einer schönen Ferienzeit wirklich öffnen und wir können durch die Tür gehen. So wollen wir die Ferienzeit beginnen, das Böse meiden und ablegen, um eine glückliche Ferienzeit zu erleben. Jesus sagt: Mit mir schafft ihr das. Denn ich bin die Tür zum Leben.

Fürbitten

Guter Gott, so viele Menschen sind eingesperrt. Wir bitten dich:

(1) Viele Menschen streiten sich. Sie brauchen den Mut zur Versöhnung.
Herr, erbarme dich.
Alle: Herr, erbarme dich.

(2) Viel Menschen sind neidisch. Sie brauchen Freude an ihrem Leben.
Herr, erbarme dich.
(3) Viel Menschen haben Angst. Sie brauchen jemanden, der ihnen
hilft.
Herr, erbarme dich.
Darum bitten wir durch Jesus Christus, unseren Herrn. Amen.

Gabengebet

Gott, unser Vater, du schenkst die Zeit der Arbeit und die Zeit der Erholung. Wir danken dir mit unseren Gaben Brot und Wein. Erfülle alles mit deinem Segen durch Jesus Christus, unseren Herrn. Amen.

Schlussgebet

Gütiger Gott, vor uns stehen die großen Ferien. Wir freuen uns darauf. Du willst uns die Tür zu einem guten Leben öffnen. So hilfst du uns durch Jesus Christus, deinen Sohn. Amen.

Vom Schatz in unserem Schuljahr

Vorbereitungen

- *Spielszene;*
- *Schatztruhe mit vielen glitzernden Schätzen;*
- *In der Innenseite des Deckels steht auf goldenem Papier (oder mit goldener Schrift): „Schatztruhe des Schuljahres";*
- *Wortkarten: Freundschaft, Wissen, Gemeinschaft, Freude, Glaube.*

Einführung

Liebe Lehrerinnen und Lehrer, liebe Schülerinnen und Schüler, liebe Christen, wir freuen uns alle auf die großen Ferien. Ein ganzes Schuljahr ist wieder zu Ende und wir haben viel gelernt. Deshalb haben wir uns versammelt, um Gott für alles Gute zu danken.

Tagesgebet

Gütiger Gott, du schenkst uns Leben und erfüllst alles mit Liebe. Dein Wort will uns zeigen, was im Leben wichtig ist. Darum danken wir durch Jesus Christus, unseren Herrn. Amen.

Spielszene 1. Teil

(Ein Spaziergänger kommt. Er hat einen Stock in der Hand, pfeift vor sich hin und spricht dann:)
Ein herrlicher Sonntagmorgen!
Ein Sonntag wie aus dem Bilderbuch.
Die Luft ist mild, der Himmel blau.
(Er geht weiter, blickt vor sich hin.)
Was ist das? Was glitzert da?
(Er beugt sich neugierig vor)
Ein Goldstück!
(Er hebt es auf.)
Wo eins ist, da sind gewöhnlich zwei. Oder drei. Oder viele…
(Er scharrt auf dem Boden und hebt das Tuch etwas von der Truhe.)
Eine Truhe! Eine goldene Truhe!
(Er deckt die Truhe ab, zieht sie ein Stück vor, öffnet den Deckel und schließt ihn wieder.)

Ein Schatz! Ein Schatz im Acker!
(Zum Publikum gewandt, mit der Hand auf der Stirn:)
Jetzt nur nicht die Nerven verlieren!
Ob jemand von dem Schatz im Acker weiß?
(Begeistert:) Ich muss ihn heben!
(Zögernd:) Aber er gehört mir nicht. Er gehört jemand anderem.
Oder auch nicht!
Vielleicht gehört er niemandem und ist nur zufällig im Acker gelandet?
Wie kann ich das herausfinden?
Wenn ich alle Welt frage, bin ich den Schatz los.
Denn jeder wird behaupten, er gehöre ihm und er habe ihn nur vorübergehend dort versteckt.
Was soll ich nur tun, dass mir dieser Schatz gehört?

Sprecher:
Das war jetzt aber eine aufregende Geschichte! Die Geschichten von Jesus sind immer aufregend.
Und wir sind auch schon ganz neugierig, wie die Geschichte ausgeht und was der Mann mit dem Spazierstock alles tut, um den Schatz zu gewinnen.
Wie es weitergeht, werden wir jetzt hören.

Evangelium *(Mt 13,44)*

Aus dem heiligen Evangelium nach Matthäus
In jener Zeit sprach Jesus zu der Menge: Mit dem Himmelreich ist es wie mit einem Schatz, der in einem Acker vergraben war. Ein Mann entdeckte ihn, grub ihn aber wieder ein. Und in seiner Freude verkaufte er alles, was er besaß, und kaufte den Acker.

Spielszene 2. Teil

Ich hab's!
Jetzt habe ich eine Idee!
Das beste wird sein, wenn ich den Acker kaufe.
Wenn mir der Acker gehört, gehört mir auch der Schatz!
(Begeistert:) Ja, das mache ich!
Ich kaufe den Boden und bin alle meine Sorgen los!
(Nachdenklich:) Aber der Grund wird nicht billig sein.
Ich muss meine Ersparnisse anbrechen und vielleicht mehr.
Ich muss auf vieles verzichten.
Sicher muss ich mein Haus verkaufen, damit ich den Acker kaufen kann!
(Blickt auf den Acker:) Aber der Schatz ist hundertmal mehr wert! Tausendmal!
Ich muss ihn haben! Um alles in der Welt!
(Der Spaziergänger deckt den Schatz wieder zu und geht eilig davon.)

Sprecher:
Und in seiner Freude verkaufte er alles, was er besaß und kaufte den Acker. So wichtig war ihm dieser Schatz

Predigtteil

Jesus sagt: Das Reich Gottes ist wie ein Schatz. Es gibt also Schätze in der Welt, die wir nicht mit unseren Augen sehen können und auch nicht mit unseren Händen greifen können, aber sie sind so wertvoll wie Gold und Silber.

Jesus hat uns diese Geschichte erzählt, weil er uns auf einen großen Schatz im Leben aufmerksam machen will. Auch in unserem Leben gibt es große Schätze, um die wir uns bemüht haben.

Nun werden viele denken: Was hat dieser Schatz mit unserer Schule zu tun?

Am besten, wir schauen einmal in unsere Schatzkiste hinein. Vielleicht entdecken wir, welche Schätze in der Schule zu finden sind. Schauen wir einmal nach!

(Schatztruhe wird geöffnet, so dass glitzernde Schätze zu sehen sind. Ein Kind holt einen Schatz nach dem anderen heraus. Sprecher spricht dazu:)

(1) *(Perlen mit Wortkarte „Freundschaft" werden aus der Truhe genommen:)*
Freundschaft ist ein kostbarer Schatz, den wir im vergangenen Schuljahr gefunden haben. Viele haben Freunde gefunden.

(2) *(Goldstücke mit Wortkarte „Wissen" werden aus der Truhe genommen:)*
Wissen ist ein wertvoller Schatz. Wir haben alle viel gelernt.

(3) *(Edelsteine mit Wortkarte „Gemeinschaft" werden aus der Truhe genommen:)*
Gemeinschaft war ein solcher Schatz. Wir durften viel zusammen unternehmen.

(4) *(Krone mit Wortkarte „Freude" wird aus der Truhe genommen:)*
Freude ist kostbar für uns.

(5) *(Bild oder Kreuz mit Wortkarte "Glaube" wird aus der Truhe genommen:)*
Glaube: Gottes Liebe ist für uns wertvoll.

All diese Schätze können wir entdecken, wenn wir auf das Schuljahr zurückblicken. Jeder von uns besitzt einen Schatz und dafür wollen wir Gott danken.

Dankessätze *(statt Fürbitten)*

(Kinder kommen, nehmen das passende Schatzstück und sprechen:)

(1) *Freundschaft*
Ich habe Freunde in der Schule gefunden und mit ihnen viel erlebt und unternommen.
Guter Gott, wir danken dir.
Alle: Guter Gott, wir danken dir.

(2) *Wissen*
Ich habe vieles lernen dürfen und weiß jetzt mehr als vor einem Jahr.
Guter Gott, wir danken dir.

(3) *Gemeinschaft*
Vieles haben wir in der Klasse miteinander unternommen und gespürt, dass wir zusammengehören.
Guter Gott, wir danken dir.

(4) *Freude*
Ich hatte auch viel Spaß und freute mich, wenn ich etwas geschafft hatte.
Guter Gott, wir danken dir.

(5) *Glaube*
Besonders in Religion haben wir immer wieder erfahren, wie gut Gott zu uns ist.
Guter Gott, wir danken dir.

Guter Gott, wir danken dir durch Jesus Christus, unseren Herrn. Amen

(Zur Gabenbereitung wird die Schatztruhe zum Altar getragen, die Schätze mit den Wortkarten werden auf den Altar gelegt.)

Gabengebet

Lieber Gott, du schenkst uns so viel Gutes. Was du segnest, wird uns zum teuersten Schatz. Wir wollen all unsere Schätze als Dank vor den Altar bringen. Du schenkst uns Brot und Wein. Heilige diese Gaben durch Jesus Christus, unseren Herrn. Amen.

Schlussgebet

Guter Vater, wir haben das Ende des Schuljahres gefeiert und dir für alles Gute Dank gesagt. Wir gehen gerne in die Ferien; behüte du uns auf allen Wegen. Darum bitten wir durch Jesus Christus, unseren Herrn. Amen.

Die Ferien wollen uns erleichtern

Vorbereitungen

– *sechs Schultaschen mit Buchstaben darauf: SCHULE;*
– *sechs beschriftete, gasgefüllte Luftballons mit Buchstaben: FERIEN.*

Einführung

Liebe Lehrerinnen und Lehrer, liebe Kinder, wir haben uns heute hier in der Kirche versammelt, weil wir den letzten Schultag feiern wollen. Im letzten Schuljahr haben wir viel lernen dürfen und jetzt freuen wir uns auf die Ferien. Ihr dürft euch setzen, dann zeigen uns einige Kinder, was alles zur Schule gehört.

(Ein Kind nach dem anderen kommt mit Schultasche, nimmt die Schultasche ab, zeigt den Buchstaben darauf und spricht dann:)

(1) L wie lesen und lernen:
    Lieber Gott, mit dem Buchstaben L danken wir dir für unsere Lehrer.

(2) *(Lehrer kommt:)*
S wie sitzen und schreiben:
Lieber Gott, mit dem Buchstaben S danken wir dir für unsere Schüler.

(3) H wie Hausaufgabe und Hören:
Lieber Gott, mit dem Buchstaben H danken wir dir für alle Helfer in der Schule.

(4) U wie Unruhe und untersuchen:
Lieber Gott, mit dem Buchstaben U danken wir dir für jeden interessanten Unterricht.

(5) E wie erinnern und erzählen:
Lieber Gott, mit dem Buchstaben E danken wir dir für alle Erfolge.

(6) C wie Chaos oder Chor:
Lieber Gott, mit dem Buchstaben C danken wir dir für alle Chancen.

Kyrie

Wir grüßen Jesus, unseren Herrn:
- Kyrie eleison.
- Christe eleison.
- Kyrie eleison.

Tagesgebet

Allmächtiger Gott, im vergangenen Schuljahr durften wir Neues lernen und viel Schönes erleben. Manches hat uns auch belastet und war nicht so schön. Aber wir wissen: Du warst bei uns in diesem ganzen Schuljahr und hast uns begleitet. Dafür danken wir durch Jesus Christus, unseren Herrn. Amen.

Evangelium *(Mt 11,25-30)*

Aus dem heiligen Evangelium nach Matthäus

In jener Zeit sprach Jesus: Kommt alle zu mir, die ihr euch plagt und schwere Lasten zu tragen habt. Ich werde euch Ruhe verschaffen. Nehmt mein Joch auf euch und lernt von mir, denn ich bin gütig und von Herzen demütig. So werdet ihr Ruhe finden für eure Seele. Denn mein Joch drückt nicht und meine Last ist leicht.

Predigtteil

Jesu verspricht uns, dass wir mit allem zu ihm kommen können.
Er verspricht uns Ruhe.
Denn Jesus will, dass wir es leicht haben.
Jesus will, dass wir uns erholen.
Jesus will, dass wir Ferien haben.
Er schenkt uns Ruhe, er schenkt uns Zeit.
Er ist auch in den Ferien bei uns.

Einige Kinder haben uns etwas mitgebracht und werden uns nun erzählen, was die Ferien für sie alles bedeuten können.

(Ein Kind nach dem anderen kommt mit einem Luftballon, zeigt den Buchstaben und spricht:)

(1) R wie Reisen und Reiten:
    Lieber Gott, mit dem Buchstaben R freuen wir uns auf die Ruhe.
(2) E wie Einladung und Essen gehen:
    Lieber Gott, mit dem Buchstaben E freuen wir uns auf die Erholung
(3) N wie Nichtstun und neugierig:
    Lieber Gott, mit dem Buchstaben N freuen wir uns auf die Natur.

(4) I wie Italien und Inseln:
Lieber Gott, mit dem Buchstaben I freuen wir uns auf alle guten Ideen.

(5) E wie Erleben und Eis essen:
Lieber Gott, mit dem Buchstaben E freuen wir uns auf die Erleichterung.

(6) F wie fortfahren und faulsein:
Lieber Gott, mit dem Buchstaben F freuen wir uns auf die Ferien.

Sprecher:
F wie Freude. Freude sollen uns die Ferien machen. Und Freude sollen uns die vielen bunten Luftballons machen.

(Einige Kinder [ein Kind aus jeder Klasse] ziehen von hinten mit vielen Luftballons ein, dazu Musik.)

Diese Luftballons sind bunt und leicht. Sie steigen in die Höhe. Sie wollen uns zeigen, dass in den Ferien auch unser Leben erleichtert wird. Gott will, dass unser Leben so leicht und so bunt ist wie diese Luftballons. Es wird leichter und bunter, wenn wir uns ausruhen und erholen in den Ferien.

Fürbitten

Guter Gott, du willst, dass unser Leben gut und leicht ist. Wir bitten dich:

(1) Wir bitten dich für alle Kinder, die heute ein schlechtes Zeugnis bekommen und deshalb traurig sind.
Mach ihr Leben bunt und leicht!
Alle: Mach ihr Leben bunt und leicht!

(2) Wir bitten dich für alle Schulkinder, die sich nun ein ganzes Jahr angestrengt haben und viel gelernt haben.
Mach ihr Leben bunt und leicht!

(3) Wir bitten dich für alle Lehrer, die sich ein ganzes Schuljahr um uns gekümmert haben und sich bemüht haben, uns etwas zu lehren.
Mach ihr Leben bunt und leicht!

(4) Wir bitten dich für alle Kinder der vierten Klassen, die heute unsere Schule verlassen. Sie gehen im neuen Jahr an eine andere Schule und in eine neue Klasse.
Mach ihr Leben bunt und leicht!

(5) Wir bitten dich für alle Eltern, die sich mit ihren Kindern um ein gutes Schuljahr bemüht haben,und sich jetzt auch auf die Ferien freuen.
Mach ihr Leben bunt und leicht!

Zu dir dürfen wir immer kommen. Du hörst uns an und machst alles gut durch Jesus Christus, unseren Herrn. Amen.

Gabengebet

Gütiger Gott, wir kommen zu dir mit all unseren Sorgen und Lasten des vergangenen Schuljahres. Wir bringen dir aber auch das Gute und Schöne und unsere Freude über die Ferien. Nimm all das an zusammen mit Brot und Wein und verwandle es zu Zeichen deiner Nähe durch Jesus Christus, unseren Herrn. Amen.

Nach der Kommunion

Jedes Kind bekommt jetzt von einem Lehrer oder einer Lehrerin einen Luftballon. Er soll dich daran erinnern: Durch die Ferien wird dein Leben erleichtert. Gott will, dass dein Leben leicht und schön wird. Er will deshalb, dass wir uns in den Ferien erholen und ausruhen und schöne Tage erleben. Amen.

Schlussgebet

Guter Gott, wir haben den letzten Schultag gefeiert und danken dir von Herzen für alles Gute. Wir nehmen diese bunten Luftballons mit. Du willst, dass unser Leben und unser Herz so leicht wird wie diese Luftballons. Wir freuen uns auf die Ferien.
Du bist immer bei uns. Dafür danken wir durch Jesus Christus, unseren Herrn. Amen.

Jesus Christus – Herr der Zeiten und Herr meines Lebens

Planung

Verschiedene Klassen helfen zusammen:
- *Eine Klasse besorgt die unterschiedlichen Uhren.*
- *Eine Klasse bastelt aus zwei Flaschen eine große Sanduhr.*
- *Eine Klasse übernimmt den Text des ersten Predigtteils.*
- *Eine Klasse trägt die Kyrierufe und Fürbitten vor.*
- *Eine Klasse oder Gruppe übernimmt eventuell die musikalische Gestaltung.*
- *Eine Klasse oder Gruppe gestaltet Bewegungen bzw. einen Tanz (s. S. 90) zum Lied „Himmel und Erde" (s. Anhang S. 194).*
- *Alle Kinder üben die Lieder.*

Vorbereitung

- *Überall in der Kirche und besonders im Altarraum sind Uhren verteilt.*
- *Eine große Sanduhr.*

Einführung

Liebe Schülerinnen und Schüler, liebe Lehrerinnen und Lehrer, wie ihr seht, haben wir heute alle Uhren gesammelt, die wir finden konnten. Wir haben hier eine Küchenuhr, eine Wohnzimmeruhr, eine Standuhr, einen Wecker, eine Stoppuhr... und eine große Sanduhr.
(Nimmt Sanduhr in die Hand.)
Diese Uhren zeigen uns, wie die Zeit vergeht. So wie der Sand herunterrinnt, so verrinnt auch die Zeit. Es ist auch schon viel Zeit vergangen, seit du auf der Welt bist.
Wie alt bist du? Wie viel Zeit ist seit deiner Geburt vergangen?
(Kinder sagen ihr Alter ins Mikrofon.)
Wir wollen uns heute Gedanken über die Zeit machen.

Kyrie

(1) Herr Jesus Christus, du warst in der Vergangenheit immer bei uns.
Kyrie eleison.
(2) Herr Jesus Christus, auch heute bist du mitten unter uns.
Christe eleison.
(3) Herr Jesus Christus, du wirst auch in Zukunft bei uns sein.
Kyrie eleison.

Tagesgebet

Gütiger Gott, du schenkst uns jeden Tag neues Leben. Du bist Herr aller Zeiten. Du gibst uns Zeit, Gutes zu tun. Wir wollen diese Stunde nutzen, um dir für alles zu danken. Wir loben und preisen dich durch Jesus Christus, unseren Herrn, der in der Einheit des Heiligen Geistes mit dir lebt und wirkt in Ewigkeit. Amen.

Lesung *(Koh 3,1-8)*

Lesung aus dem Buch Kohelet

Alles hat seine Stunde. Für jedes Geschehen unter dem Himmel gibt es eine bestimmte Zeit:
eine Zeit zum Gebären
und eine Zeit zum Sterben,
eine Zeit zum Pflanzen
und eine Zeit zum Abernten der Pflanzen,

eine Zeit zum Töten
und eine Zeit zum Heilen,
eine Zeit zum Niederreißen
und eine Zeit zum Bauen,
eine Zeit zum Weinen
und eine Zeit zum Lachen,
eine Zeit für die Klage
und eine Zeit für den Tanz;
eine Zeit zum Umarmen
und eine Zeit, die Umarmung zu lösen,
eine Zeit zum Schweigen
und eine Zeit zum Reden.

Predigtteil 1

(Kinder mit großer Uhr in der Hand kommen und sprechen:)
(1) Manchmal vergeht die Zeit schnell. Das ist dann, wenn es eine
schöne Zeit ist, in der wir glücklich sind und wir gerade etwas
Schönes erleben.
Ferien sind so eine schöne Zeit oder manchmal auch der Sport-
unterricht. Und der Sommer vergeht viel zu schnell!
(2) Manchmal vergeht uns aber die Zeit zu langsam. Das ist dann,
wenn es uns schlecht geht.
Wenn mir langweilig ist, wenn ich krank bin und im Bett bleiben
muss, dann will die Zeit gar nicht vergehen.

Sprecher:
Schlechte Zeiten sind oft sehr schlimm. In schlechten Zeiten haben wir
das Gefühl, die ganze Welt geht unter. Jesus weiß, wie es ist, wenn es
einem schlecht geht. Von diesen Zeiten hören wir jetzt im Evangelium:

Evangelium *(Mk 13,24-31)*

Aus dem heiligen Evangelium nach Markus

In jener Zeit sprach Jesus zu seinen Jüngern: In jenen Tagen, nach der
großen Not, wird sich die Sonne verfinstern, und der Mond wird nicht
mehr scheinen. Die Sterne werden vom Himmel fallen, und die Kräfte
des Himmels werden erschüttert werden.
Dann wird man den Menschensohn mit großer Macht und Herrlichkeit

auf den Wolken kommen sehen. Und er wird die Engel aussenden und die von ihm Auserwählten aus allen vier Windrichtungen zusammenführen, vom Ende der Erde bis zum Ende des Himmels. Himmel und Erde werden vergehen, aber meine Worte werden nicht vergehen.

Predigtteil 2

Jesus spricht im Evangelium von schlechten Zeiten. Er sagt, dann sei es so, als ob sich Sonne, Mond und Sterne verfinstern würden. Aber Jesus hat eine frohe Botschaft für uns. Wir brauchen keine Angst zu haben. Er ist bei uns. Er ist der Herr aller Zeiten. Er wird kommen und alles gut machen. Er will zu jeder Zeit bei uns bleiben. Wir können sogar die schlechten Zeiten mit Jesus überstehen, denn am Ende wird alles gut ausgehen. Das gibt uns Kraft und macht uns Mut. Dafür wollen wir Gott danken. Himmel und Erde müssen vergehen, aber sein Wort und seine Liebe bleiben bestehen.

Lied und Tanz: Himmel und Erde müssen vergehn (vgl. S. 90 und 194)

Fürbitten

(Kinder sprechen mit Uhren in der Hand.)
Guter Gott, wir wollen an all die Menschen denken, die schwere Zeiten erleben.

(1) Wir denken an alle Menschen, die einsam sind und darunter leiden, dass das Leben langweilig wird.
Schenke ihnen eine glückliche Zeit.
Alle: Schenke ihnen eine glückliche Zeit.

(2) Wir denken an alle Menschen, die viel arbeiten und sich keine Zeit für die Erholung gönnen.
Schenke ihnen eine glückliche Zeit.

(3) Wir denken an alle Menschen, die lange Zeit im Bett sein müssen, weil sie krank sind und Schmerzen haben.
Schenke ihnen eine glückliche Zeit.

(4) Wir denken an alle Menschen, die unzufrieden sind und immer Angst haben, etwas zu versäumen.
Schenke ihnen eine glückliche Zeit.

(5) Wir denken an alle Menschen, die verurteilt sind, lange Zeit im Gefängnis zu sein.
Schenke ihnen eine glückliche Zeit.

Denn du willst allen Menschen Glück und Frieden schenken. Du bist Gott, der Herr, von nun an bis in Ewigkeit. Amen.

Gabengebet

Lieber Gott, es ist Zeit für uns zu danken. Brot und Wein stehen für alle guten Gaben, die wir von dir empfangen. Du sorgst dich, dass es uns gut geht. Wir danken dir durch Jesus Christus, unseren Herrn. Amen.

Schlussgebet

Allmächtiger Gott, du bist der Herr der Zeit und Ewigkeit. Du bist bei uns und begleitest uns jeden Tag. Jesus macht uns Mut, immer wieder weiter zu gehen auf dem Weg unseres Lebens. Hilf uns, die Zeit zu nutzen und das Gute zu tun. Darum bitten wir durch Jesus Christus, unseren Herrn. Amen.

In unserer Schule
ist das Leben bunt

Dieser Gottesdienst ist konzipiert für den Beginn eines großen Schulfestes. Da zu diesem Gottesdienst Schüler, Lehrer und Eltern aller Konfessionen eingeladen sind, ist der Anteil der Gebete gegenüber der Spielszene geringer als gewohnt. Der Gottesdienst ist auch gut als ökumenischer Wortgottesdienst im Freien geeignet. Die Vorbereitung kann im Rahmen eines Projektes stattfinden. Denn die ganze Schule ist in die Vorbereitung eingebunden.

Vorbereitungen

- *Lautsprecheranlage;*
- *Tribüne oder Podest;*
- *großer, bunter Blumenstrauß;*
- *Spielszene „Viertelland": 12 Kinder, je drei rot, blau, grün, gelb gekleidet mit farbigen Gegenständen;*
- *alle Kinder haben einen farbigen Papierhut: rot, blau, grün, gelb;*
- *alle Kinder haben Papierfähnchen in den entsprechenden Farben.*
  (Wichtiger Hinweis an die Kinder beim Basteln: Die Hüte und Fähnchen sind zum Verschenken da.)

Einführung

Liebe Gäste, liebe Eltern, liebe Kinder, heute, am Ende des Schuljahres wollen wir Gott danken. Wir danken für alles Gute, das in dieser Schule geschehen ist. Die Kinder danken Gott, dass es so viele Menschen gibt, die sich um sie kümmern. Auch alle Eltern und Lehrer wollen heute danken, dass wir euch Kinder haben.

Zum Dank schenken wir gerne Blumen. Darum haben wir diesen großen Blumenstrauß mitgebracht. Unser Blumenstrauß zeigt uns, dass Gott die Welt kunterbunt geschaffen hat. Er lässt alles bunt und farbig wachsen. Wir grüßen Gott in unserer Mitte.

Anrufung

(1) Lieber Gott, du hast die Welt in vielen Farben so wunderbar
erschaffen.
Herr, wir grüßen dich. Kyrie eleison.
(2) Lieber Gott, du rufst uns zusammen. Wir dürfen uns freuen.
Herr, wir grüßen dich. Christe eleison.
(3) Lieber Gott, du sprichst zu uns. Wir hören dein Wort.
Herr, wir grüßen dich. Kyrie eleison.

Tagesgebet

Guter Gott, wir feiern ein Fest, weil das Schuljahr zu Ende ist. Wir danken dir für alles Gute, das in dieser Schule geschehen ist. Lass uns deine
Nähe spüren durch Jesus Christus, unseren Herrn. Amen.

Sprecher:
Ich möchte euch heute eine Geschichte erzählen. Sie spielt in einem
Land, in dem es Menschen mit verschiedenen Farben gibt. Auch wir
haben Kinder mit verschiedenen Farben. Bei uns gibt es blaue Kinder. Die
dürfen mit ihren blauen Fähnchen winken. Bei uns gibt es gelbe Kinder.
Sie winken. Die roten Kinder dürfen winken. Und nun sind die grünen
Kinder dran.

Im Viertelland

(Von Gina Ruck-Pauquet, bearbeitet von Anton Dinzinger und Heidi Ehlen)

Erzähler: Spielanweisung

Das Land ist rund wie ein Pfannkuchen. Und weil es aus vier verschiedenen Vierteln besteht, heißt es das Viertelland.
In einem Viertel ist alles grün.

Grüne Musik ertönt (s. Anhang S. 203).
Drei grüne Kinder kommen. Sie bringen
grüne Gegenstände und legen sie in ihrem
Viertel ab: Haus, Auto, Telefon. ...

In einem Viertel ist alles rot.

Rote Musik ertönt (s. Anhang S. 203).
Drei rote Kinder kommen. Sie bringen rote
Gegenstände und legen sie in ihrem Viertel
ab: Baum, Badewanne, Eisenbahn, Zigaret-
ten ...

In einem Viertel ist alles gelb.

Gelbe Musik ertönt (s. Anhang S. 203).
Drei gelbe Kinder kommen. Sie bringen
gelbe Gegenstände und legen sie in ihrem
Viertel ab: Besen, Krankenhaus, Blumen,
Baugerüst …

Und in einem Viertel ist alles blau.

Blaue Musik ertönt (s. Anhang S. 203)
Drei blaue Kinder kommen. Sie bringen
blaue Gegenstände und legen sie in ihrem
Viertel ab: Verkehrsampel, Möbel, Brücken,
Zahnbürsten, Fahrräder

Wenn die Kinder geboren werden, sind sie bunt. Im ganzen Land ist das so. Aber die Erwachsenen streicheln sie mit ihren grünen, roten, gelben oder blauen Händen, bis sie endlich auch nur eine Farbe haben. Die richtige Farbe. Und das geht meistens sehr schnell.

Einmal kam in Grün ein kleiner Junge zur Welt, den sie Erbs nannten. Erbs war mit einem Jahr immer noch ein bisschen bunt. Es war beunruhigend. Aber schließlich wurde er doch noch richtig grün.

Einer der drei Grünen, Erbs, tritt hervor,
verbeugt sich, winkt.

Im Viertelland brauchen die Kinder nicht zur Schule zu gehen. Sie lernen nur das Wesentliche. In Grün lernen sie, dass grün richtig ist, in Rot, dass rot richtig ist, in Gelb, dass gelb, und in Blau, dass blau richtig ist.

Roter tritt vor mit einem roten Spruchband
und liest:
Grün, gelb und blau sind gelogen! Nur
rot ist wahr! Singen wir das Erdbeer-
marmeladenlied!
„Rote" Musik ertönt.

Gelber schreit in einen gelben Lautsprecher
(Papiertüte):
Rot, blau und grün ist doof! Und gelb
bleibt gelb! Singen wir den Zitronen-
blues!
„Gelbe" Musik ertönt.

Blauer hängt ein blaues Plakat auf und
liest:

Blau, blau, blau, blau! Tanzen wir den
Pflaumentango!
„Blaue" Musik ertönt.

*Grüner Roboter tritt mit abgehackten
Schritten vor und spricht in Robotersprache:*
Seid grün! Und wenn ihr rot, gelb oder
blau hört, so glaubt es nicht!
„Grüne" Musik ertönt.

Einmal hat Erbs dem Roboter ein Stück grünen Käse in den Mund
gestopft. Da konnte der Roboter drei Tage nur noch „piperlapop" sagen.
Das fanden alle Kinder prima.

Gelber spricht:
Natürlich *träumen* wir auch von gelben
Dingen!
Gelbe rufen nacheinander:
Löwenzahn! Strohhut! Aprikosengelee!
Postauto! Glühwürmchen!

Roter spricht:
Wir wollen auch nur Rotes *fühlen.*
Wenn wir uns die roten Lampen und
den roten Sonnenuntergang anschauen,
dann fühlen wir rot.

*Blauer nimmt die anderen Blauen an der
Hand und spricht:*
Wir halten uns an den Händen und
denken: Alles muss blau sein!

Die Blauen rufen nacheinander:
Blaue Apfelsinen! Blauer Schnee! Blaue
Musik! Blaue Pferde!

Grüner spricht:
Wir *wünschen* nur Grünes.
Grüne rufen nacheinander: Pfefferminz-
likör! Salat mit Schnittlauch! Fünf
Meter Gartenschlauch!

Erbs sagt: Ich habe mir etwas Rotes
gewünscht. Es war nur ein kleiner roter

Punkt. Gut, dass die Polizei das nicht weiß.

Die Menschen in Viertelland beten auch.

Gelber:
Lieber gelber Gott, wir danken dir, dass wir gelb sind. Beschütze uns!

Roter:
Lieber roter Gott, wir danken dir, dass wir rot sind. Beschütze uns!

Blauer:
Lieber blauer Gott, wir danken dir, dass wir blau sind. Beschütze uns!

Grüner:
Lieber grüner Gott, wir danken dir, dass wir grün sind. Beschütze uns!

Und alle beten nur für sich selbst.
Eines Tages geschieht etwas Überraschendes:

Grüne drehen sich um.

Mitten in Grün wächst eine gelbe Rose. Es ist eine schöne Rose, aber die Leute verziehen so angeekelt das Gesicht, als sei sie ein Mistkäfer. Und es dauert nicht lange, da haben fünfunddreißig Polizisten die Rose mit fünfunddreißig grünen Spaten niedergeschlagen. Das war der Tag, an dem Erbs seinen Löffel in den Spinat fallen lässt.

Erbs stampft auf und wirft den Löffel in den Teller.

Seitdem werden die Kinder immer unruhiger. Da laufen die Kinder aus Rot zum Mittelpunkt des Landes, wo sich die Grenzen treffen, die Kinder aus blau gehen dahin, die aus Gelb und die aus Grün.

Alle laufen in der Mitte zusammen.

Sie blicken einander an und sind stumm. Bis Erbs etwas tut. Einfach so. Er spuckt nämlich auf die Kreidestrichgrenze. Sofort machen alle Kinder mit.

Alle Kinder machen mit: Sie spucken und scharren, dann berühren sie sich vorsichtig,

reichen sich die Hände, tauschen ihre Klei-
der, tanzen, lachen freuen sich.
Rote, blaue, gelbe und grüne Musik ertönt
miteinander und gibt ein Ganzes.

Und nachdem nun jedes Kind jede Farbe hat, kann es auch in jeder Farbe denken, fühlen, träumen und wünschen. Jedes versteht das andere und allen gehört das ganze Land. Nie waren sie so fröhlich.

Predigtteil 1

Die Kinder vom Viertelland haben etwas Wichtiges erkannt:
– Nicht nur eine Farbe ist wichtig.
– Alle Menschen sollen sich vertragen.
– Die Menschen sollen zusammenhalten.

Schriftlesung *(Kol 3,9-14)*

Lesung aus dem Brief des Apostels Paulus an die Kolosser

Belügt einander nicht; denn ihr habt den alten Menschen mit seinen Taten abgelegt. Und seid zu einem neuen Menschen geworden, der nach dem Bild seines Schöpfers erneuert wird, um ihn zu erkennen. Wo das geschieht, gibt es nicht mehr Griechen oder Juden, Beschnittene oder Unbeschnittene, Fremde, Skythen, Sklaven oder Freie, sondern Christus ist alles und in allen. Ihr seid von Gott geliebt, seid seine auserwählten Heiligen. Darum bekleidet euch mit aufrichtigem Erbarmen, mit Güte, Demut, Milde, Geduld! Ertragt euch gegenseitig und vergebt einander, wenn einer dem anderen etwas vorzuwerfen hat. Wie der Herr euch vergeben hat, so vergebt auch ihr! Vor allem aber liebt einander denn die Liebe ist das Band, das alles zusammen hält und vollkommen macht.

Predigtteil 2

In unserem Spiel haben wir gesehen, wie die Menschen im Viertelland fröhlich werden. Und aus dem Wort Gottes haben wir gehört, was Menschen froh macht. Auch unser Leben soll froh und bunt sein. Gott will auch unser Leben froh und bunt machen. Dies geschieht durch seine Liebe, die wir weitergeben dürfen.

(Kinder aus dem Viertelland sprechen:)
(1) So richtig schön und bunt wird es im Leben, wenn jeder oder jede von uns wichtig ist, – egal ob Mädchen oder Junge.
(2) So richtig schön und bunt wird es im Leben, wenn wir aufeinander zugehen und uns vertragen, – egal ob 1. oder 4. Klasse.
(3) So richtig schön und bunt wird es im Leben, wenn wir einander helfen und zusammen halten, -egal ob Ausländer oder Deutsche.
(4) Miteinander wird das Leben froh und bunt. Dazu haben wir eine Idee. Denn das können wir zeigen.
(5) Tauscht eure Hüte!
(6) Tauscht eure Fähnchen aus!
(7) Macht es so wie die Kinder im Viertelland!
(8) Bei uns kann jeder farbenfroh und bunt sein.

(Während die Kinder Hüte und Fähnchen tauschen: laute Musik.)

Lobpreis und Dank

Guter Gott, uns geht es wie den Menschen im Viertelland. Unser Leben ist am schönsten, wenn es bunt und lustig ist. Wir bringen dir unsere Wünsche dar:
(Kinder stellen brennende Kerze auf und sprechen:)

(1) Das Leben wird bunt und schön, wenn wir alle zusammenhalten.
Gott, wir danken dir.
(2) Das Leben wird bunt uns schön, wenn wir gemeinsam lernen und spielen.
Gott, wir danken dir.
(3) Das Leben wird bunt uns schön, wenn jeder geschätzt und geachtet wird.
Gott, wir danken dir.
(4) Das Leben wird bunt uns schön, wenn wir offen sind füreinander.
Gott, wir danken dir.
(5) Das Leben wird bunt uns schön, wenn wir immer wieder Schule und Ferien erleben.
Gott, wir danken dir.

Gott, wir danken dir für alles Gute durch Jesus Christus, unseren Herrn.
Amen.

Vaterunser

Schlussgebet

Allmächtiger Gott, du hast uns alle so wunderbar erschaffen. Jeder ist wichtig für dich. Das macht uns froh. Steh uns auch in den Ferien bei durch Jesus Christus, unseren Herrn. Amen.

ANHANG

Verzeichnis der Schriftstellen

Stichwortverzeichnis

(Die Seitenzahlen verweisen auf den Beginn des jeweiligen Gottes-dienstmodells)

Lieder

1. In Gottes Hand

In Got-tes Hand darfst du dich le-gen.
In Got-tes Hand kommst du zur Ruh.
So spürst du im - mer sei - nen Se - gen,
bist ge - bor - gen im - mer - zu.

Text und Melodie: A. Dinzinger/W. Pangerl, 2000

2. Ein bunter Regenbogen

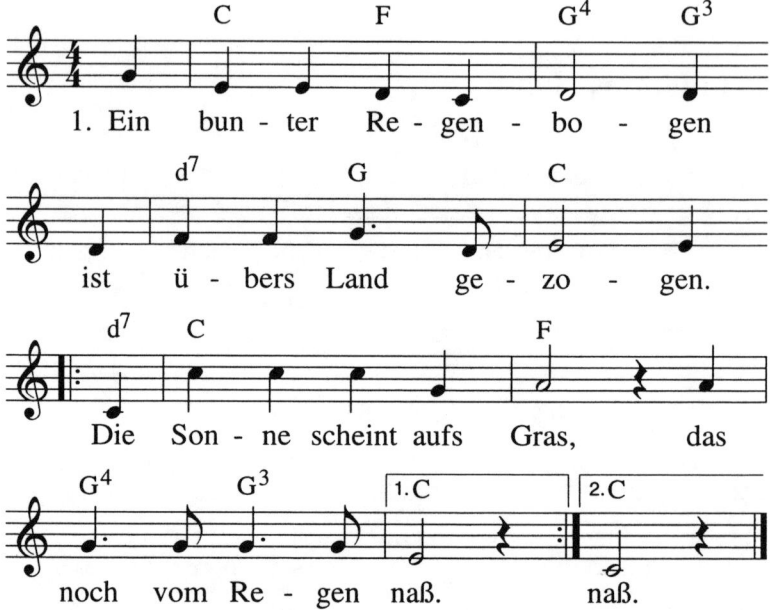

2. Ein bunter Regenbogen
   ist übers Land gezogen.
   Und alle bleiben stehn,
   um ihn sich anzusehn.

3. Ein bunter Regenbogen
   ist übers Land gezogen,
   damit ihr's alle wißt,
   daß Gott uns nicht vergißt.

Text: Rolf Krenzer
Musik: Peter Janssens
aus: Kommt alle und seid froh, 1982
alle Rechte im Peter Janssens Musik Verlag, Telgte-Westfalen

3. Gott baut ein Haus

1. Gott baut ein Haus, das lebt, aus lau-ter bun-ten Stei-nen, aus gro-ßen und aus klei-nen, eins, das le-ben-dig ist.

2. Gott baut ein Haus, das lebt,
   wir selber sind die Steine,
   sind große und auch kleine,
   du, ich und jeder Christ.

3. Gott baut ein Haus, das lebt,
   aus ganz, ganz vielen Leuten,
   die in verschiednen Zeiten
   hörten von Jesus Christ.

4. Gott baut ein Haus, das lebt,
   er sucht in allen Ländern,
   die Menschen zu verändern,
   wie's dafür passend ist.

5. Gott baut ein Haus, das lebt,
   er selbst weist dir die Stelle,
   in Ecke, Mauer, Schwelle,
   da, wo du nötig bist.

6. Gott baut ein Haus, das lebt,
   er gibt dir auch das Können,
   läßt dir den Auftrag nennen,
   damit du nützlich bist.

7. Gott baut ein Haus, das lebt.
   Wir kennen seinen Namen
   und wissen auch zusammen,
   daß es die Kirche ist.

Text und Melodie: Waltraud Osterlad

4. Gott hat sie alle lieb

1. V Schwar-ze, Wei-ße, Ro-te, Gel-be, Gott hat sie al-le lieb. A Schwar-ze, Wei-ße, Ro-te, Gel-be, Gott hat sie lieb. V Gott macht kei-ne Un-ter-schie-de. Gott hat uns al-le lieb. A Gott ist Lie-be, Gott gibt Frie-den. Gott hat uns lieb.

2. V Arm und Reich, Gesunde, Kranke, Gott hat sie alle lieb.
A Arm und Reich, Gesunde, Kranke, Gott hat sie lieb.
V Gott macht keine Unterschiede ...
A Gott ist Liebe ...

3. V Eltern, Kinder, Lehrer, Schüler, Gott hat sie alle lieb.
   A Eltern, Kinder, Lehrer, Schüler, Gott hat sie lieb.
   V Gott macht keine Unterschiede ...
   A Gott ist Liebe ...

4. V Große, Kleine, Jungen, Mädchen, Gott hat sie alle lieb.
   A Große, Kleine, Jungen, Mädchen, Gott hat sie lieb.
   V Gott macht keine Unterschiede ...
   A Gott ist Liebe ...

Text und Musik: Kurt Rommel
© Strube Verlag München-Berlin

5. Siehe, wir kommen

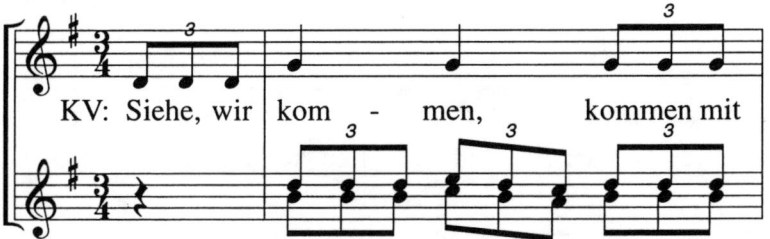

KV: Siehe, wir kom - men, kommen mit

Sie- he, wir kommen, wir kommen mit

Freu-den, un-se-re Gaben zu brin - gen!

Freu-den, un-se-re Gaben zu brin - gen!

Gerhard Kronberg
© Musikverlag Alfred Coppenrath, Altötting

6. Meine kleine Kerze

1. Mei-ne klei-ne Ker-ze ist heut auf-ge-wacht.

Mei-ne klei-ne Ker-ze leuchtet durch die Nacht.

Leuchtet in die Nacht hi-nein, daß sich an dem

Ker-zen-schein al - le Leu-te, groß und klein,

im-mer wie-der freun, al - le Leu-te,

groß und klein, im - mer wie - der freun.

2. Meine kleine Kerze
   leuchtet durch die Nacht,
   weil die kleine Kerze
   alle fröhlich macht.
   Leuchtet in die Nacht hinein,
   daß sich an dem Kerzenschein
   alle Leute, groß und klein,
   immer wieder freun.
   Alle Leute, groß und klein,
   immer wieder freun.

3. Weil die kleine Kerze
   alle fröhlich macht,
   leuchtet meine Kerze.
   Gebt auf sie gut acht!
   Leuchtet in die Nacht hinein,
   daß sich an dem Kerzenschein
   alle Leute, groß und klein,
   immer wieder freun.
   Alle Leute, groß und klein,
   immer wieder freun.

Text: Rolf Krenzer
Musik: Detlev Jöcker
Aus CD/MC und Buch "Kleine Kerze leuchte"
Rechte: Menschenkinder Verlag, 48157 Münster

7. Stern über Bethlehem

1. Stern ü-ber Beth-le-hem, zeig uns den Weg,___
führ uns zur Krip-pe hin, zeig wo sie steht,___
leuch-te du uns vor-an, bis wir dort sind.___
Stern ü-ber Beth-le-hem, führ uns zum Kind!___

2. Stern über Bethlehem, nun bleibst du steh'n
und läßt uns alle das Wunder hier seh'n,
das da geschehen, was niemand gedacht,
Stern über Bethlehem, in dieser Nacht.

3. Stern über Bethlehem, wir sind am Ziel,
denn dieser arme Stall birgt doch so viel!
Du hast uns hergeführt, wir danken dir.
Stern über Bethlehem, wir bleiben hier!

Text und Melodie: Alfred Hans Zoller
© Gustav Bosse Verlag, Kassel

8. Tragt in die Welt nun ein Licht

1. Tragt in die Welt nun ein Licht,
sagt al - len: Fürch - tet euch nicht!
Gott hat euch lieb, groß und klein!
Seht auf des Lich - tes Schein!

2. Tragt zu den Kranken ein Licht, sagt ihnen:
Fürchtet euch nicht! ...

3. Tragt zu den Kindern ein Licht, sagt ihnen: ...

4. Tragt zu den Alten ein Licht, sagt ihnen: ...

Text und Melodie: Wolfgang Longardt

9. Himmel und Erde

Kanon

Him-mel und Er - de müs-sen ver - gehn,

a - ber dein Wort, o Herr, a - ber dein Wort, o Herr,
(blei-bet be - stehn.)

a - ber dein Wort, o Herr blei- bet be - stehn.

wenn Kanon 3-stimmig, dann ab 3. kleine Noten

Volkstümlich

10. Die Menschen öffnen Türen

1. Die Men-schen öff - nen Tü - ren. Sie
ma-chen auf ihr Haus. Aus Städ-ten und aus
Dör - fern, da kom-men sie her - aus.

2. Sie machen auf die Ohren und hören Jesus an.
   Sie hören, in dem Jesus, da spricht ein Gottesmann.

3. Sie machen auf die Augen und schauen Jesus an.
   Sie sehen, in dem Jesus, da schaut Gott selbst uns an.

4. Sie machen auf die Hände und fassen Jesus an.
   Sie spüren, in dem Jesus, da rührt Gott selbst uns an.

Text und Melodie: Franz Kett
entnommen aus: Religionspädagogische Praxis,
Handreichung für elementare Religionspädagogik, Jhg. 1984, Nr. I, S. 15,
"Jesus - unser Heil und Leben", Alle Rechte bei RPA Verlag Landshut

11. Liebte Gott der Herr uns nicht

KV: Lieb - te Gott der Herr uns nicht,

hätt er nicht die Erd er - schaf - fen.

Lieb - te Gott der Herr uns nicht,

hätt er nicht all das ge - tan.____

1. All das____ zu Beth - le - hem im

Stall____ an Hei - lig - a - bend,____ all

das,____ als die Zeit er -

füllt_____ war und er kam._____ -

2. All das, da er sprach
   zu uns das Wort der Liebe,
   all das, was er sprach,
   hat Arme reich gemacht. -

3. All das in der Nacht
   der Angst in einem Garten,
   all das in der Nacht,
   da er verraten ward. -

4. All das für die Welt
   am Kreuz auf einem Hügel.
   Am Kreuz breitet er
   die Arme für uns aus. -

5. All das nach der Nacht
   am hellen Ostermorgen,
   als er von dem Tod
   als Sieger auferstand. -

Text und Musik: A. M. Cocagnac OP
Deutsche Textübertragung: Helmut Oeß
aus "Biblische Chansons"
Edition Schwann GmbH & Co. Musikverlag

197

12. Jesus lebt, er lebt in unsrer Mitte

KV: Je - sus lebt, er lebt in uns-rer Mit - te.
Er lädt uns ein, beim Mahl bei ihm zu sein.
Je - sus lebt, er lebt in uns-rer Mit - te.
Er lädt uns ein, beim Mahl bei ihm zu sein.

1. Beim letz - ten A - bend - mah - le, die
2. "Nehmt", sprach er, "trin - ket, es - set: das

Nacht vor sei - nem Tod, nahm Je - sus in dem
ist mein Fleisch, mein Blut, da - mit ihr nie ver -

Saa - le Gott dan-kend Wein und Brot.
ges - set, was mei - ne Lie - be tut."

Melodie und Kehrvers: Sabine Härtl

13. Wir haben uns versammelt

Wir ha - ben uns ver - sam - melt.

Wir sit - zen hier im Kreis.

Wir rei - chen uns die Hän - de,

da - mit ein je - der weiß:

Mit - ein - an - der sind wir hier, mit - ein -

an - der dan - ken wir.   dan - ken wir.

Text und Melodie: A. Dinzinger/W. Pangerl, 1999

14. Ich habe einen Namen

(Solo) 1. Ich ha- be ei- nen Na- men,
und ich bin ge - tauft. *(Alle)* Ja, du hast ei - nen
Na - men, und du bist ge - tauft.
Freut euch al - le, freut euch
al - le, wir sind ge - tauft, Gott hat uns

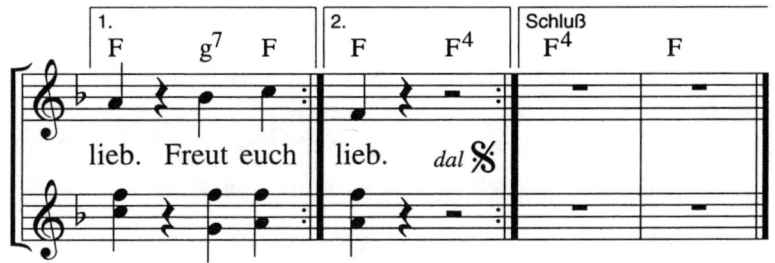

2. Ich heiße *N. N.*, und ich bin getauft
   Ja, du heißt *N. N.*, und du bist getauft.

3. Wir haben einen Namen, und wir sind getauft.
   Wir haben einen Namen, und wir sind getauft.

Text: Rolf Krenzer
Musik: Peter Janssens
aus: Kommt alle und seid froh, 1982
alle Rechte im Peter Janssens Musik Verlag, Telgte

15. Gott ruft dich bei deinem Namen

Gott ruft dich bei dei - nem Na-men. *N. N.*,

du ge - fällst ihm gut. Er seg - net

dich und du sprichst: A - men! Das gibt

Kraft und das gibt Mut!

Text und Melodie: A. Dinzinger/W. Pangerl, 2000

16. Viertelland

GRÜN-MELODIE: Begleitung: Gitarre C-C-G-C
Instrumente: 2 Sopran-Blockflöten
Becken oder Pauke mit Besen gespielt

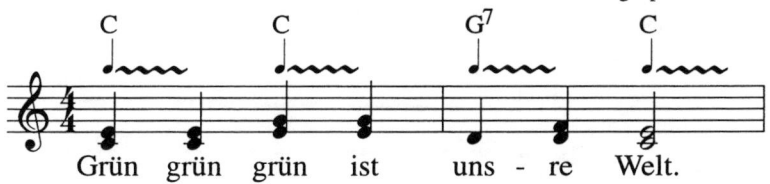

Grün grün grün ist uns - re Welt.

ROT-MELODIE: Instrumente: Alt-Xylophon, Klanghölzchen
evtl. Bongo, evtl. Baß-Xylophon (C-C-G-C)

Rot wie Feu - er ist un - ser Land.

GELB-MELODIE: Instrumente: S/A Glockenspiel
Triangel, Cymbel

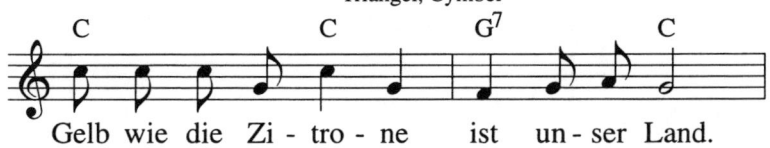

Gelb wie die Zi - tro - ne ist un - ser Land.

BLAU-MELODIE: Instrumente: S/A Metallophon
Regenmacher

Was-ser-blau und himmelblau, so ist es bei uns.

Text und Melodie: Sabine Härtl

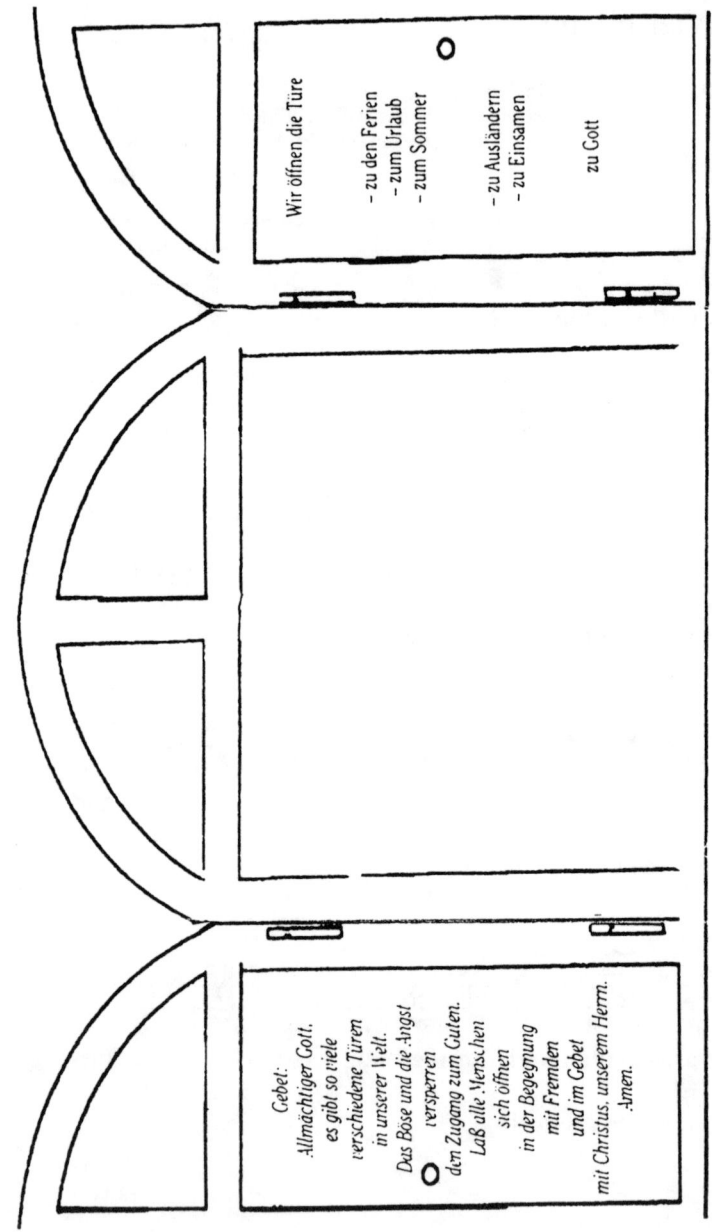

Gottesdienste, die auf die Lebenswelt von Schule und Familie Bezug nehmen

Marina Gebhard
Kleinkinder-Gottesdienste
12 Modelle von Januar bis
Dezember
Reihe: Konkrete Liturgie
111 Seiten, 12 s/w-Zeichng.,
10 Lieder mit Noten, Bastel- und
Kopiervorlagen, kart.
DM 24,80 / sFr 23.50 / öS 181,-
ISBN 3-7917-1613-1

**12 Kleinkinder-Gottesdienste
für jeden Monat des Jahres:**
- gemeinsam mit Eltern entwickelt
- für Kinder von 2 – 6 Jahren
- für eine Dauer von ca. 20 Minuten
- mit kindgerechten Elementen wie
  Lieder, Texte, Spielszenen u.a.
- Lieder, Kopiervorlagen und
  andere Materialien im Anhang

Stefan Anzinger/
Marcus Lautenbacher
**Zwei mal zehn Familien-
gottesdienste**
Reihe: Konkrete Liturgie
208 Seiten, kart.
DM 32,- / sFr 30.- / öS 234,-
ISBN 3-7917-1612-3

**20 erprobte Modelle für Messfeiern
mit Familien:** 10 Familien – Gottesdienste
zu ausgewählten Sonn- und Festtagen von
Advent bis Pfingsten und 10 Familien –
Gottesdienste zu ausgewählten Schrifttex-
ten aus den vier Evangelien. **Alle Teile der
Messfeier wurden vollständig ausgear-
beitet.** Sehr gelungen, wie unverkrampft
hier die Erwachsenen in die kindgerechten
Elemente des Gottesdienstes mit hinein-
genommen werden.

Verlag Friedrich Pustet
www.pustetverlag.de

▬ Anregungen für neue, zeitgemäße Formen der Gottesdienstgestaltung

Gepriesen bist du, Herr
Gebete für Wortgottesdienste mit Kommunionspendung
Reihe: Konkrete Liturgie
104 Seiten, kart.
DM / sFr 19.80 / öS 145,-
ISBN 3-7917-1726-X

Immer mehr Gemeinden feiern auch an den Werktagen Wortgottesdienste mit Kommunionspendung. Dazu sind ganz eigene, neue Gebete erforderlich, Texte, die nicht auf eine Messe bezogen sind. Deshalb enthält das Buch auch keine Modelle, sondern zeitlose Texte: z. B. Eröffnungs– und Schlussgebete, neue Lieder zur Übertragung selbst und eucharistische Lobpreisgebete nach der Übertragung. Auch für eucharistische Anbetungsstunden geeignet.

Es muß nicht immer „Messe" sein
Gottesdienstformen im Kirchenjahr
Zusammengestellt von Guido Fuchs
Reihe: Konkrete Liturgie
149 Seiten, kart.
DM 24,80 / sFr 23.50 / öS 181,-
ISBN 3-7917-1668-9

24 unterschiedliche Gottesdienstformen für das Kirchenjahr: Vom Kreuzweg und Bittgang über Rosenkranz und Frühschicht bis hin zu Trauermette und Maiandacht. „Eine Fundgrube an Gebeten und Meditationen für alle Wortgottesdienstleiter, die nach zeitgemäßen, ansprechenden Texten suchen." *Klerusblatt, München*

Verlag Friedrich Pustet
www.pustetverlag.de